组织科技教学创新

《"四特"教育系列丛书》编委会　编著

吉林出版集团股份有限公司
全国百佳图书出版单位

图书在版编目 (CIP) 数据

组织科技教学创新 /《"四特"教育系列丛书》编委会
编著 . 一长春：吉林出版集团股份有限公司，2012.4
（"四特"教育系列丛书 / 庄文中等主编 . 爱学习，爱
科学）

ISBN 978-7-5463-8675-1

I. ①组… Ⅱ . ①四… Ⅲ . ①科学知识－教学研究－中小
学 Ⅳ . ① G633.72

中国版本图书馆 CIP 数据核字（2012）第 044072 号

组织科技教学创新
ZUZHI KEJI JIAOXUE CHUANGXIN

出 版 人	吴 强	
责任编辑	朱子玉　杨　帆	
开　　本	690mm×960mm　1/16	
字　　数	250 千字	
印　　张	13	
版　　次	2012 年 4 月第 1 版	
印　　次	2023 年 2 月第 3 次印刷	

出　　版	吉林出版集团股份有限公司
发　　行	吉林音像出版社有限责任公司
地　　址	长春市南关区福祉大路 5788 号
电　　话	0431-81629667
印　　刷	三河市燕春印务有限公司

ISBN 978-7-5463-8675-1　　　　　　定价：39.80 元

前　言

　　学校教育是个人一生中所受教育最重要组成部分,个人在学校里接受计划性的指导,系统地学习文化知识、社会规范、道德准则和价值观念。学校教育从某种意义上讲,决定着个人社会化的水平和性质,是个体社会化的重要基地。知识经济时代要求社会尊师重教,学校教育越来越受重视,在社会中起到举足轻重的作用。

　　"四特教育系列丛书"以"特定对象、特别对待、特殊方法、特例分析"为宗旨,立足学校教育与管理,理论结合实践,集多位教育界专家、学者以及一线校长、老师们的教育成果与经验于一体,围绕困扰学校、领导、教师、学生的教育难题,集思广益,多方借鉴,力求全面彻底解决。

　　本辑为"四特教育系列丛书"之《爱学习,爱科学》。

　　古今中外,许多成功人士都重视和强调学习方法的重要性。伟大的生物学家达尔文就曾说过:"一切知识中最有价值的是关于方法的知识。"著名的大科学家爱因斯坦的成功方程式则是"成功＝艰苦的劳动＋正确的方法＋少说空话"。这也是爱因斯坦对其一生治学和科学探索的总结。我们不难看出正确的方法在成功诸因素中具有多么重要的位置。联合国教科文组织教育发展委员会在《学会生存》一书中指出:"未来的文盲不再是不识字的人,而是没有学会怎样学习的人。"也就是说,未来的文盲不是"知识盲",而是"方法盲"。所以,在教学中对学生进行正确学习方法教育极具重要性。本书包括提高智力的方法以及各种学习方法和各科学习方法等内容,具有很强的系统性、实用性、实践性和指导性。但要说明的是:"学习有法,但无定法,贵在得法"。教师在教学中要注意因材施教,注意学生的个体差异,进而施以不同的方法教育,这样才能让学生掌握最适合自己的学习方法和学习的金钥匙,从而终身享用。

　　科学是人类进步的第一推动力,而科学知识的普及则是实现这一推动的必由之路。在新的时代,社会的进步、科技的发展、人们生活水平的不断提高,为我们青少年的科普教育提供了新的契机。抓住这个契机,大力普及科学知识,传播科学精神,提高青少年的科学素质,是我们全社会的重要课题。科学教育,是提高青少年素质的重要因素,是现代教育的核心,这不仅能使青少年获得生活和未来所需的知识与技能,更重要的是能使青少年获得科学思想、科学精神、科学态度及科学方法的熏陶和培养。

　　本辑共20分册,具体内容如下:

　　1.《智能提高有办法》

　　智能提高可能性,与遗传基因和后天因素息息相关。遗传因素我们无法改变,能够改变的就是尽量利用后天因素。本书针对学生如何提高学习智能进行了系统而深入的分析和探讨,并给予了切实的指导,对中小学生颇有启发意义,具有很强的系统性、实用性、实践性和指导性。

　　2.《高效学习有办法》

　　高效学习法是一种富教于乐的教育方式和高效学习训练系统。它从阅读、记忆、速算、书写这四个方面入手,提高孩子的"速商"让孩子读的快、学的快、算的快、记的快,迅速提高学习成绩。本书针对学生如何提高学习效率进行了系统而深入的分析和探讨,并给予了切实的指导,对中小学生颇有启发意义,具有很强的系统性、实用性、实践性和指导性。

3.《提高记忆有办法》

人的大脑机能几乎都以记忆力为基础,只有记忆力好,学习、想象、创意、审美等能力才能顺利发展。那么如何才能记得更多、记得更牢、更有效地提高记忆力呢? 本书帮助你找到提高记忆力的秘密,将记忆能力提升到顶点。本书针对学生如何提高记忆力进行了系统而深入的分析和探讨,并给予了切实的指导,对中小学生颇有启发意义,具有很强的系统性、实用性、实践性和指导性。

4.《阅读训练有办法》

本书以语境语感训练为主要教学法,以日常生活中必读的各种文体、范文讲解及阅读材料的补充为内容,从快速阅读入手,帮助学习者提高汉语阅读水平。学生在学习的过程,根据实际情况选用适应的学习方法,定能收到事半功倍的效果。

5.《轻松作文有办法》

写作是汉语的重要组成部分,在汉语中有举足轻重的地位。人们抒发感情需要写作,总结经验教训需要写作,记叙事件需要写作……总之,无论学习、工作、生活都离不开写作。本书针对学生如何提高写作能力进行了系统而深入的分析和探讨,并给予了切实的指导,对中小学生颇有启发意义,具有很强的系统性、实用性、实践性和指导性。

6.《课堂学习有办法》

课堂听课是学生在校学习的基本形式,学生在校学习的大部分时间是在听课中度过的。听课之所以重要,是因为大部分知识都得通过听老师的讲课来获取。要想学习好,首先必须学会听课。本书针对学生如何提高课堂学习能力进行了系统而深入的分析和探讨,并给予了切实的指导,对中小学生颇有启发意义,具有很强的系统性、实用性、实践性和指导性。

7.《自主学习有办法》

自主学习是与传统的接受学习相对应的一种现代化学习方式。以学生作为学习的主体,通过学生独立的分析、探索、实践、质疑、创造等方法来实现学习目标。本书针对学生如何提高自主学习能力进行了系统而深入的分析和探讨,并给予了切实的指导,对中小学生颇有启发意义,具有很强的系统性、实用性、实践性和指导性。

8.《应对考试有办法》

考试主要有两种目的:一是检测考试者对某方面知识或技能的掌握程度;二是检验考试者是否已经具备获得某种资格的基本能力。如何有效的准备考试,可分成考试前、考试中、考试后三个部分做说明。本书针对学生如何应对考试进行了系统而深入的分析和探讨,并给予了切实的指导,对中小学生颇有启发意义,具有很强的系统性、实用性、实践性和指导性。

9.《文科学习有办法》

综合文科的学习旨在帮助学生学会学习,学会分析研究人与自然、人与社会、人与自身关系中的现实问题,学会探讨解决问题的方法等,帮助学生树立终身学习的观念。在这个过程中不断培养学生的实践能力、创新意识和创造力。本书针对学生如何提高文科学习能力进行了系统而深入的分析和探讨,并给予了切实的指导,对中小学生颇有启发意义,具有很强的系统性、实用性、实践性和指导性。

10.《理科学习有办法》

理科学习要形成良好的学习习惯和有效的学习方法。总的来说,科学的学习方法可用如下此歌谣来概括:课前要预习,听课易入脑。温故才知新,歧义见分晓。自学新内容,要把重点找。问题列出来,听课有目标。听课要专心,努力排干扰。扼要做笔记,动脑多思考。课后须复习,回忆第一条。看书要深思,消化细咀嚼。本书针对学生如何提高理科学习能力进行了系统而深入的分析和探讨,并给予了切实的指导,对中小学生颇有启发意义,具有很强的系统性、实用性、实践性和指导性。

11.《组织阅读科学故事》

在我们生活的各个角落,疑问几乎无处不在,而这些疑问往往能激发孩子们珍贵的求知欲,它能引领孩子们正确的认识和了解世界,并进一步地探知世界的奥秘,是早期教育最为关键的环节。为了让孩子们更好的把握时代的脉搏,做知识的文人,我们特此编写了这本书,该书真正迎合了青少年的心理,内容涵盖广泛,情节生动鲜活,无形中破解孩子们心中的疑团,并且本书生动有趣,是青少年最佳的课外读物。

12.《培养科学幻想思维》

幻想思维是指与某种愿望相结合并且指向未来的一种想象,由于幻想在人们的创造活动中起着重要作用,在发明创造活动中应鼓励人们对事物进行各种各样的幻想。幻想思维可以使人们的思想开阔、思维奔放,因此它在创造中的作用是显而易见的。本书针对学校如何培养学生的幻想思维进行了系统而深入的分析和探讨,并给予了切实的指导,对中小学生颇有启发意义,具有很强的系统性、实用性、实践性和指导性。

13.《培养科学兴趣爱好》

怎样让学生对科学产生兴趣? 这是很多老师都想得到的答案。想学好科学,兴趣很关键。其实,生活中的许多小细节都蕴涵着丰富的科学知识,大家完全可以因地制宜,为学生创造个良好的环境,尽量给学生提供不同的机会接触各种活动。本书针对学校如何培养学生的科学兴趣爱好进行了系统而深入的分析和探讨,并给予了切实的指导,对中小学生颇有启发意义,具有很强的系统性、实用性、实践性和指导性。

14.《培养学习发明创造》

发明创造是科学技术繁荣昌盛的标志和民族进取精神的体现。有学者预言,二十一世纪将是一个创造的世纪,而迎接这个创造世纪的主人,正是我们那些在校学习的孩子们。因此对青少年进行发明创造教育,就显得极其重要了。心理学家研究表明,青少年的好奇心正是他们探索世界,改造世界,产生创造欲望的心理基础。通过开展青少年发明创造活动,鼓励青少年去发现新问题,提出新设想,实现新目标,这是培养他们的创新精神,提高他们的创造力的最好途径。

15.《培养科学发现能力》

阿基米德在洗澡时发现了阿基米德定律,牛顿看到苹果落地,最终得出了牛顿第一运动定律。在科学史上,这样的事例还有很多,它证明科学并不神秘,真理并不遥远,只要我们能见微知著,善于发问,并不断探索,那么,当你解答了若干个问题之后,就能发现真理。本书针对学校如何培养学生的科学发现能力进行了系统而深入的分析和探讨,并给予了切实的指导,对中小学生颇有启发意义,具有很强的系统性、实用性、实践性和指导性。

16.《组织实验制作发明》

科学并不神秘，更没有什么决定科学力量的"魔法石"，科学的本质在于好奇心和造福人类的理想驱使下的探索和创新。自然喜欢保守她的奥秘，往往不直接回应我们的追问，但只要善于思考、勤于动手、大胆假设、小心求证，每个人都能像科学大师一样——用永无止境的探索创新来开创人类的文明。本书针对学校如何组织学生实验制作发明进行了系统而深入的分析和探讨，并给予了切实的指导，对中小学生颇有启发意义，具有很强的系统性、实用性、实践性和指导性。

17.《组织参观科普场馆》

本书集中介绍了全国多家专题性科普场馆。这些场馆涉及天文、地质、地震、农业、生物、造船、汽车、交通、邮政、电信、风电、环保、公安、银行、纺织服饰、中医药等多个行业和学科领域。本书再现了科普场馆的精彩场景;科普场馆的基本概况、精彩展项、地理位置、开放时间、联系方式等多板块、多角度信息，全面展示了科普场馆的风采，吸引读者走进科普场馆一探究竟。本书是一本科普读物，更是一本参观游览的实用指南。通过本书的介绍能让更多的观众走进科普场馆。

18.《组织探索科学奥秘》

作为智慧生物的人类自诞生之日起就开始了漫长的探索进程，人类的发展史就是一部探索科学、利用科学史。镭的发现，为人类探索原子世界的奥秘打开了大门。万有引力的发现，使人们对天体的运动不在感到神秘。进化论的提出，让人类知道了自身的来历……探索让人类了解生命的起源秘密，探索让人类掌握战胜自然的能力，探索让人类不断进步，探索让人类完善自己。尽管宇宙无垠、奥秘无穷，但作为地球的主宰者，却从未停下探索的步伐。因为人类明白:科学无终点，探索无穷期。

19.《组织体验科技生活》

科技总是不断在进步着，并且改变着我们的生活，让我们的生活变得更加多彩。学校科学技术普及的目的是使广大青年学生了解科学技术的发展，掌握必要的知识、技能，培养他们对科学技术的兴趣和爱好，增强他们的创新精神和实践能力，引导他们树立科学思想、科学态度，帮助他们逐步形成科学的世界观和方法论。本书针对学校如何组织学生体验科技生活进行了系统而深入的分析和探讨，并给予了切实的指导，对中小学生颇有启发意义，具有很强的系统性、实用性、实践性和指导性。

20.《组织科技教学创新》

现在大家提倡素质教育，科学素质是素质教育的重要组成部分，学生科学素质培养的核心是培养学生的创新精神和创新能力，创新能力的培养、开发应从幼儿开始，在长期的教学、训练过程中逐步形成和发展。小学科技教学，在培养学生创新精神和创新能力中，起着举足轻重的作用。帮助学生树立新的观念，主动地、富有兴趣地学习新的科学知识，去观察、探索、实验现实生活乃至自然界的问题，在课内外展开研究性的教学活动等，是行之有效的。但是，科技活动辅导任重而道远，这就要求科技课教师不断探索辅导方法，不断提高辅导水平，为全面推进素质教育，实施科教兴国战略奠定坚实的人才和知识基础。

由于时间、经验的关系，本书在编写等方面，必定存在不足和错误之处，衷心希望各界读者、一线教师及教育界人士批评指正。

编者

目　录

第一章　学校科技教学的指导 ……………………… （1）

1. 学校开展科技课教学的意义 ……………………… （2）

2. 学校开展科技课教学的方法 ……………………… （3）

3. 学校科技课的创新教学 ……………………… （5）

4. 抓住学生的特点教授科技课 ……………………… （9）

5. 语文教学中的科技教育 ……………………… （12）

6. 物理课上的科技教学 ……………………… （16）

7. 将现代科技引入物理教学中 ……………………… （17）

8. 生物课上的科技教学 ……………………… （21）

9. 信息课上的科技教学 ……………………… （26）

第二章　学生数学教学的指导 ……………………… （29）

1. 数学教学的趣味性原则 ……………………… （30）

2. 数学教学要发现趣味性 ……………………… （32）

3. 数学教学的趣味性方法 ……………………… （35）

4. 数学知识的趣味性和操作性 ……………………… （39）

5. 数学趣味知识教学的积累 ……………………… （41）

6. 数学知识性与趣味性的整合 ……………………… （44）

7. 运用趣味教学搞活数学课堂 …………………………… (47)

8. 合理运用教学手段增加数学趣味 ………………… (50)

9. 数学教学中应用性问题的运用 …………………… (54)

10. 数学课堂中如何运用趣味教学 …………………… (56)

11. 趣味数学教学的非语言艺术运用 ………………… (58)

12. 趣味性情景教学在数学教学中的应用 …………… (60)

13. 提高教学效果的数学趣味运用 …………………… (62)

第三章　学校物理教学的指导 …………………… (65)

1. 新课改下的物理教学反思 ………………………… (66)

2. 物理教学激发学生兴趣六法 ……………………… (70)

3. 物理教学中如何实施有效性教学 ………………… (73)

4. 物理教学中培养学生创造性思维 ………………… (76)

5. 努力培养学生的物理自学能力 …………………… (82)

6. 学生自主实验能力的培养 ………………………… (88)

7. 多媒体技术在物理教学中的应用 ………………… (94)

8. 初中生学习物理方法的指导 ……………………… (97)

9. 中学物理教学的模式探究 ………………………… (100)

10. 中学物理研究性学习方法的实施 ………………… (105)

11. 高中物理教学中的素质教育 ……………………… (110)

12. 高中物理新课程的教学对策思考 ………………… (120)

第四章　学校化学教学的指导 …………………… (129)

1. 化学入门教学方法 ………………………………… (130)

2. 化学科学教学方法 ………………………………… (133)

3. 化学趣味教学方法 ………………………………… (145)

4. 利用"导入"法进行化学教学 …………………… (148)

5. 利用"启发式"进行化学教学 ……………………… (151)

6. 利用"暗示"进行化学教学 ……………………… (157)

7. 利用"科学方法论"进行化学教学 ………………… (160)

8. 利用"优化教学"法进行化学教学 ………………… (162)

9. 利用"归纳法"进行化学教学 …………………… (167)

10. 初中化学的教学方法 ………………………… (173)

11. 初、高中化学衔接教学 ……………………… (178)

12. 高中化学的教学方法 ………………………… (180)

13. 利用多媒体课件进行教学 …………………… (182)

14. 利用"自学、引导"法进行化学教学 …………… (185)

15. 利用"讨论式"进行化学教学 ………………… (190)

16. 利用"猜想"进行化学教学 …………………… (193)

第一章

学校科技教学的指导

1. 学校开展科技课教学的意义

"科技人才的培养，基础在教育"，谁掌握了面向二十一世纪的教育，谁就能在二十一世纪的国际竞争中处于战略主动地位，青少年是祖国的未来，科学的希望，担任着科教兴国的历史重任。因此，把科技教育作为一项重要内容，从小学抓起，为培养未来二十一世纪的人才打下基础势在必行。

现代科技实验教材包涵的内容十分广泛，贴近学生的生活，趣味性很强，是加强科技教育，提高学生创新素质的主渠道。这门课的开设必将增强我国少年儿童的科技意识，全面提高科学文化素质，对从小培养少年儿童学习科学方法，树立科学思想和科学精神，从而成为具有创造精神的，适应二十一世纪社会发展的建设人才打下基础具有十分重要的意义，这就需要教师探索行之有效的教学方法，充分激发学生对科技的好奇心、求知欲，调动学生学习的积极性、主动性，使科技课上得生动活泼，情趣盎然，让学生在自觉参与中求得自我发展，逐步学会做人，做个现代的人，做个科学的人。

然而有些教师往往沿用较陈旧的方法进行教学，这种教学过程中，教师处于中心位置，学生完全处于被动状态，这种教学造成的弊端是显而易见的，即灌输多，方法呆板，教师费力，学生消极厌烦，严重地阻碍着教学效率的提高和学生创新素质的发展，素质教育的实施受到了极大的影响。只有不断创新才能迎接未来，这是世界各国在教育改革过程中达成的共识。小学现代科技是一门崭新的学科，需要教师把创新教育观念落到教学实践中去，并在教学实践中结合儿童的特点，创造性地运用教学方法和手段，将多种教学方法进行优化组合，实现教学方法的创新，用"创新性的教"为学生"创造地学"创造环境和条件，具体地说，就是教师运用行之有效的现代教学方法如：探究教学法、角色扮演法，情境教学法等，将科学发现的过程，简洁地重演于课堂，指导学生动手、动脑，让学生体验作为学习主体，进行探索、发现和创造性思维的乐趣，从而使学生自行获取知识、运用知识，享受首创成功的快乐，提高教育教学的效果，培养具有科技创新素质的学生。

2. 学校开展科技课教学的方法

健全组织构建科技教育体系

学校应深刻认识21世纪激烈的科技竞争，实质是教育的竞争、人才的竞争。学校开设现代科技课，就是要科技教育从娃娃抓起，培养他们对科技的兴趣和求知欲，提高参与科技活动的能力，从而成为适应21世纪社会发展需要的建设人才。学校对科技教育工作十分重视，在认真学习借鉴外地经验的基础上，经过深入研究、多方论证，构建起一个较为全面、系统持科技教育网络。校长是这个系统的领导者，负责整个系统正常运转的监控工作。下设科技教育领导小组，指导各实验教师制定研究计划与具体操作实施，通过扎实深入地研究和教学教育工作，最终把学校培养成"爱科学、学科学、用科学，适应21世纪发展的科技创新人才"。

抓好科技教育的师资队伍建设

高素质的教师队伍是实施素质教育的重要保证。自进行实验以来，学校领导坚持深入课堂，听课指导教学，提高科技教育的质量；每星期抽出一天的业务学习时间，组织实验教师一起学习现代科技实验教

材编写总体构想，学习有关加强科技教育的文件和资料及有关的教参、教材等；每两周汇报一次科技教育情况，期末要写出 $1\sim2$ 篇有见解、有创意的论文，并派教师到先进的学校参观学习。同时学校还要聘请有关部门的技术人员作辅导教师，举办科技报告、讲座，为实验教师订阅科技刊物，使教师的专业特长，自身素质有一定的提高。师资水平的提高能为科技教育的全面实施奠定了坚实的基础。

落实课堂教学主渠道

科技教育的主阵地在学校，而传播科学知识、培养科学意识、训练科学思维，提高科技能力的主渠道在课堂在发挥课堂主渠道作用上，我们采取了"一科为主，多科渗透"的办法，现代科技是国家科委、国家教委新设的九年义务教育阶段的一门重要基础学科，主要任务是向学生进行现代科技启蒙教育，为培养具有创造精神的，适应二十一世纪社会发展需要的建设人才奠定基础，因而我们着力在优化科技课教学，调动学生学习的积极主动性，提高现代科技教育质量方面做了比较广泛、深入的研究和探索。在学科渗透方面，学校应要求教师在吃透教学大纲、教材的基础上，认真挖掘教学内容中的科技教育因素，找出最佳渗透点和结合点，把科技教育纳入教学目标，在课堂教学中进行渗透，发挥各科教学的综合功能，强化科技教育。

开展好科技教育活动

每周抽出一个下午的时间作为全校科技读写活动时间，让学生从家里或图书馆借来科技图书，大家在一起互相传阅、相互推荐，自由阅读、自主摘抄。学校还可以定期举办手抄本、手抄报、故事演讲大赛等活动，给同学们提供自我展示的舞台。学校还可以开设特色班，教授科技内容，在特色班教育活动中，学校应坚持做到"五定"、"四有"，即定时间、定地点、定教师、定计划、定制度，有组织、有备课、有检查、有成果，做到"实而不死"、"活而不乱"，促使学生人

人参与、人人发展。为了激励学生学科技、用科技，学校还应在每学期定一个月为"科技创新月"，通过举办科技知识讲座、创造技法辅导，开展"四小"（小发明、小制造、小论文、小设想）评选等活动，丰富学生的科技知识，提高创造实践能力，培养学科学、爱科学的思想情感。学校根据学生的活动情况，可评选出本学期的"科技星"和"科技先进班"。

3. 学校科技课的创新教学

通过实验研究出了适合新授课教学，科技活动方面对于全面调动学生学习的积极性、主动性，培养学生创新思维能力等行之有效的教学方法。在教学中注意让低年级学生在"玩中学"，高年级学生提倡在"想中学"，启发学生在"做中学"，引导学生在"用中学"，主要采用的教学方法有：

探究式教学法

探究式教学法就是教师结合教学内容创设提出问题、解决问题的情境，引导学生接触各种问题的新奇现象，去寻找问题的因果关系，从而启发学生提出问题，让学生带着问题，采用各种方法去做探究性的实验活动，从中得出结论。运用探究式教学方法上课，教师不再是知识的灌输者，而是学生认识客观事物的指导者，教师的主要任务是引导学生自己动脑、动手、动口，独立思考，独立探索，独立创造，这不仅有利于学生自学能力的发展，而且有利于促进学生创造性思维和独创精神的发展。如：教学《稳不稳》一课"不倒翁"为什么总是摇摇晃晃不倒呢？这里面有什么秘密吗？出于好奇，学生很想知道这个秘密，为解开这个谜，我鼓励学生自己想办法去研究，学生通过动

脑,动手去获取知识,调动了学生学习的积极性、主动性。从中我们可以看到学生自己探索不只是学生学会了,更主要的是学生会学了。在此基础上,启发、引导学生设计形式各样的不倒翁。通过探究式教学方法的运用,学生不但知识掌握得更加牢固,而且还使学生的动手能力及想象力、创造力得到了有效的锻炼和提高。

角色扮演法

角色扮演法是用演出的方法来组织开展教学。要运用小品、短剧或实况模拟等形式,寓科技教育于表演过程中,把科学性、知识性、趣味性巧妙地结合起来,使教学过程生活化、艺术化。使学生在角色扮演和角色交往中,学习科学知识,激发科学兴趣。角色扮演法使学生成为教学活动的中心,因此,对他们将要扮演的角色,师生需要共同策划,从学生个性、能力、表现才能等方面加以仔细选择,启发、引导学生对承担的角色作一番研究,领会角色位置,角色所起的作用,角色反映的科学意义等,让扮演者十分投入自己所承担的角色。教师要及时提醒并灵活解决角色扮演中出现的问题,但必须注意避免对学生起支配作用,要放手让他们去体验角色,创造氛围。例如在教学"我们生活在地球上"这一活动中,我们采用角色扮演法教学,课前把活动室布置成"地球——人类乐园"形式,在黑板上贴上世界地图,在墙的四周挂上美丽的自然环境教学挂图,教室里放上地球仪,学生们戴上自制头饰,扮演成农民、工人、博士、市长、渔民模样,拿着自制道具组织科技活动;"渔民"讲"鱼儿离不开水,有水才能捕到鱼";"市长"说城市建设需要地球提供资源;"博士"则一脸学生地告诉大家"人类只有一个地球"。通过运用角色扮演法组织有趣的科技活动深深地吸引了孩子们,激发了他们的思维,使他们认识了他们的地球,知道了地球是人类共有的家园,爱护地球、关心地球这是全世界人类的义务和责任,让学生们为爱护地球献计献策。运用角

色扮演法进行教学有利于学生个性的充分发挥和发展。

合作讨论法

教学过程中通过师生之间、学生之间相互协作、相互交流而获得知识的方法。教学过程如果没有师生之间、学生之间的相互合作、相互交流，其过程往往流于形式，教学目的也无法落实，组织有效的"合作研讨"能较好地解决教学效益问题。对于科技课上的科技讨论，某些有争议的问题，教师不要急于下结论，而应当组织学生研讨，给每个演机会充分发表自己的见解，同学你一言，我一语，在研讨争论中获得了知识。"合作研讨法"不仅有助于促进学生的进步发展，而且使学生间的合作与竞争成为可能，使及时的反馈成为可能，使课堂呈现出生动活泼多姿多彩的合作场面，而这种合作（其中也有竞争）正是学生学习和发展的动力，引导着学生积极地思维。一般在以下几种情况下，组织学生进行合作研讨；在得出规律性结论之前；在理解知识的关键处；在教材出现难点，学生理解受阻时；某些问题可能有多种答案或有多种解答时都可以引导学生分组研讨。教学实践证明，合作研讨法能使学生在多向交流中进行参与，唤起学生创造思维的火花。

模拟创造法

根据科学教育内容要求，指导学生运用已掌握的科学知识和技能，按照自己的意愿和想象，独立或协作完成某种科技作品（或设想），即模拟创造法。这种教学法的出发点和落脚点都应该是"创造"。在教学过程中，教师要坚持教育学生敢于想、善于想、勇于实践；要多欣赏，勤鼓励，耐心帮助学生。在任何情况下都没有理由伤害学生纯真的心灵和创造的热情。

如在教学《漫画仿生》一课时，教师让学生把某种生物的某种功能和本领与日常生活的需要联系起来，提出一些发明创造的设想，学

生充分发挥自己的想象力、创造力，大胆发言，有的说"我想发明一种测温笔，笔芯在不同的温度下会改变颜色，根据颜色的变化，测知物体的温度，"有的说："我想发明一种变色、调温服装，一年四季都能穿，很方便"。

学生发言多种多样，甚至异想天开，显示出非常强烈的创造欲望。对于学生的回答，教师应及时给予肯定、表扬、引导。学生独特的想法得到尊重，得到表扬，能使他们享受到成功的乐趣，有利于促进学生创造性地发挥，创造意识得到有力强化，有一部分学生动手实现了自己的理想。

运用模拟创造法开展教学活动，既能激发学生的学习热情和积极性，锻炼和提高他们的思维能力，想象能力和动手能力，又能够通过创造、设想的全过程，全面检查考核学生智力因素和非智力因素的发展水平。科技课上的创造技法课，除了采用模拟创造法，还采用创造性探讨法，收到了很好的教学效果。

暗示教学法

教学中运用人的无意识记忆，把人的理智活动和情感活动统一起来，使学生在轻松、愉快的环境中不知不觉得到学到知识的一种方法。暗示教学法的关键在于组织和创造学习情境，在教学过程中，我们采用一系列的暗示手段，如，优美的学习环境，轻松舒缓的音乐、节拍、抑扬顿挫的配乐朗读、逼真的情景的创设，演生动有趣的短剧，让学生参与到活泼的游戏中，这样，学生有良好的情感体验，适于引发学生无意识学习的潜能，调动学生全部的身心活动，把有注意力诱导和集中到所学的内容上，造成一个最佳的学习心理状态，从而充分发挥学生的潜能，超强记忆能力，最有效地掌握教学的内容，从而提高学习效果。

如教学《孔明灯》一课，教学开始，教师让学生边听故事边欣赏

图画，学生都是故事迷，特别喜欢听，有趣的故事深深吸引了孩子们，他们仿佛看到了 1000 多年前诸葛亮发明孔明灯，利用孔明灯的情景，不知不觉中了解了有关孔明灯的一些知识，同时也激发了学生研究孔明灯的兴趣。

这样运用暗示教学法，把知识教学融入故事中，能激起学生的学习热情，把儿童的好奇、好动、好玩和探求知识的强烈欲望，引导到对科学知识的热爱上来，调动学生学习的积极主动性，从而提高教学效果。

另外，在教学中教师还可以经常组织"接力赛、夺红旗、辩论会、科技活动游戏、科技活动展览、科技知识竞赛"等富有激励性的活动，使学生在竞争的环境中学习、钻研、思考、探索、交流，培养了他们互相激励、敢于竞争、不甘落后、永不满足、力攀知识高峰的思想意识。创设这样的环境不但使思维畅通，而且会富于创造，对于培养学生理解、表达、动手、想象、创造等能力也均有好处。

在教育教学中教师除采用以上五种方法外，还可采用常用的讲授法、实验法、演示法、发现法、观察法、比较分类法等教学方法。通过以上教学方法的综合运用，达到最佳的教学效果。

4. 抓住学生的特点教授科技课

在科技课教学上，教师应抓住学生的心灵特点，激发学生的学习积极性、主动性和自觉性。

知识教学更加生动有趣

俗话说："理只有一个，法却有千万。"在现代科技教学中，要抓住低年级年龄小、爱玩、爱动、好奇心强等心理特点，灵活运用多种教学方法，使学生在"玩"中学、"想"中学、"用"中学、"做"中学，以取得好的效果。例如《小蝌蚪》一课中对于蝌蚪成长为青蛙的过程的教学，如果教师只是平淡地讲小蝌蚪是先长后腿，再长前腿等等，那学生只会觉得枯燥无味，没有多少兴趣而言。为了调动学生学习的积极性、主动性、激发学生学习的兴趣，教师充分利用小学生爱听故事的天性，将有关蝌蚪生长特点的知识传授融进《蝌蚪找妈妈》的故事中，使学生在听故事的过程中了解到小蝌蚪是怎样一步一步成长为青蛙的。课下每个同学都会讲《小蝌蚪找妈妈》的故事，都能说出小蝌蚪是"先长后腿—再长前腿……一步一步成为青蛙的。"再如教学《垃圾》一课，为了使学生养成不乱扔垃圾，讲究卫生的良好习惯，教师运用角色扮演的方法，开展了"垃圾和我"活动。让学生分别扮演妈妈、小学生、居民等，汇报在产生垃圾、处理垃圾等方面所做的工作，学生学习兴趣十分浓厚，大胆设想，表演自己的"绝活"。最后，教师又将本课中与学生共同探讨学习的知识要点编成一首六句儿歌，儿歌合辙押韵，浅俗易懂，学生读起来琅琅上口，很有情趣。学生在读背中进一步巩固并加深了对所学知识的理解。这种教学方法设计抓住了低年级学生的年龄特点，使课堂气氛十分活跃，学生始终处于学习的积极状态中，不仅牢固地掌握了所学知识，增强了保护环境、保护地球的意识，而且还培养了学生的语言表达能力和初步的想象力和创造力。

学生参与更加积极主动

心理派代表人物布鲁纳曾说："知识的获得是一个主动的过程，学习者不应是信息的被动接受者，而应是知识获取过程的主动参与者。"参与学习活动是学生求知过程中的心理需要，符合儿童好玩、好表现的心理特点。只有创造机会，让学生真正参与学习活动，才能切实增强独立性、自主性、创造性等主体性品质，促进学生生动活泼

主动的发展。例如：教学《空气》一课，为了让学生知道空气是什么样的物体，教师让学生每人带了一个方便袋，让学生把方便袋在空中兜了一下，方便袋便鼓起来了。学生好奇："方便袋怎么鼓起来了？"一个个皱起了眉头。教师借此告诉学生"空气的存在"。并鼓励学生自己再想一些办法来证明空气的存在。学生自己动手操作实验，积极性很高。在此基础上，又启发了空气是没有颜色、没有气味、没有味道、透明的、有重量的气体。学生自己动手操作、观察，参与了整个认识过程，不但使知识掌握得更加牢固，而且还使学生的动手实践能力得到了有效的锻炼和提高。

让学生参加学习活动应面向全体学生，人人参与教师指导绝不可"越俎代疱"，凡是学生能发现的，独立获取的知识，教师要多给学生一点思维的时间，让学生多一点表现自我的机会，多一点获取成功的体验，这对于激发学生学习兴趣，活跃课堂教学气氛，培养学生思维能力、动手能力、口头表达能力等具有十分重要的作用。

学生创造的意识更加强烈

现代科技课需要学生机智、巧妙、创新、独特的思维参与，而学生的这一思维活动同环境、气氛、情感、兴趣等因素有着密切的联系。对小学生来说，宽松、和谐、活跃的课堂气氛，不仅能激发求知欲望，增强探索的勇气，而且会帮助他们开拓新思路，引发创造灵感。教师应积极探索创造这种课堂气氛的方式、方法。在教学中要本着多鼓励、多启发的原则，积极引导学生独立思考，多给学生发表独特见解和发明创造的机会。学生的创新想法或做法无论多么荒唐、幼稚都不能嘲笑，反之要给以鼓励和表扬，以最大限度地激发他们创造的热情，发挥创造性。例如：科技活动"改造玩具"一课，教师组织学生讨论："如何改造玩具"，让学生充分发挥自己的想象力、创造力，大胆发言。有的说"将我的布娃娃改成会叫的娃娃"，有的说"将我的飞机

做成会飞的小鸟"。学生发言多种种多样，甚至异想天开，显示出非常强烈的创造欲望。对于学生的回答，教师及时给予了肯定和引导，学生独特的想法得到了极大的尊重和鼓励，使他们极大地享受到了成功的乐趣，有利地促进了学生创造性地发挥，创造意识得到有力强化。

5. 语文教学中的科技教育

语文教育要以学生为本，着力于语文素养的整体提高，教语文千万不能只重视知识的传授，技能的训练，而忽视对学生的培养。《小学语文课程标准》中也提出"现代社会要求，公民具备良好的人文素养和科学素养，具备创新精神、合作意识和开放的视野，具备包含阅读理解与表达交流在内的多方面的基本能力，以及运用现代技术搜集和处理信息的能力。"未来社会必定是一个科技高速发展的社会，我们的学生如果不具备科技素养，那么，他们将无法跟上时代发展的步伐，甚至有被时代远远抛在后面的危险。

因此在语文教学中，教师应该把语文阅读教学与科学教育相结合，充分挖掘教材中的科技含量。让学生在学习语言文学知识，练习语言文学技能的同时，接受科学教育的感染和影响。这样不仅可以激发小学生学习兴趣，活跃课堂气氛，提高课堂效率，寓语文基础教育于广阔的科学世界中，还可以培养学生观察事物，研究事物的良好习惯，激发学生的创造意识，提高学生的科学素养，也为语文学科教学质量的提高找到新的生长点。

吃透教材，挖掘科技含量

对科学知识感兴趣的第一源泉、第一颗火花，来自于教师对教材的分析和对事实的态度，以及对真理的了解。语文教材为我们的科学

教育提供了丰富的资源．因此教师在备课时首先要吃透教材。就拿苏教版第九册语文来说，教材26篇课文中，其中有9篇文章中都含有一定的科学知识。有关于自然方面的，有关于气象方面的，有关于环保方面的……这些课文，有的讲述了科学家小时侯的故事如《装满昆虫的衣袋》，透过语言文字我们不难看到科学家的聪明，智慧的火花，对科学的执着态度，尊重事实，注重调查的科学方法，不畏艰难，追求真理的科学精神，这一切无不使学生深受感动和敬佩，无不激励和促动着学生行为。除此之外，在语文教材中，还有很多介绍科学知识的文章：如介绍环保方面的《访问环保专家方博士》；介绍发明创造的《吊灯和鲨鱼》；介绍现代科技知识《信用卡》；介绍文物方面知识的《莫高窟》……归纳起来简直就是一本科学的百科全书。这些知识，大大拓宽了学生的眼界，浓郁了学生的科学文化底蕴。语文教材中的这类课文让我们在语文教学中进行科学教育提供了有利的条件。

把握人物的精神魅力，培养科学兴趣

行为科学表明，人的情感因素十分重要，常常主宰着学业和事业的成败。科学情感更是一切科学行为之源．因此我们要十分重视学生科学情感的培养。在教学科学家的故事的文章时，我就是引领学生通过课文内容的学习、感悟，去体会课文中人物丰富的内心世界，把握科学家的精神实质和熠熠生辉的人格魅力，让科学家们成为他们的榜样和偶像，激发他们对科学的热爱之情。例如，在教学《装满昆虫的衣袋》这篇课文时，我就提出了"是什么把法布尔引进科学的殿堂的"这一问题，让学生进行讨论，学生通过课文中所举的法布尔对昆虫的痴迷的几个事例的了解，特别是"法布尔为了抓住一只会唱歌的虫子用了整整三天的时间，捉到一只漂亮的小甲虫高兴极了，把这个宝贝放进蜗牛的壳里，包上树叶，装进自己的衣袋回家好好欣赏……"学生通过讨论明白了：正是这种对昆虫的痴迷，才把法布尔引

进科学殿堂的。课后，学生收集科学家的故事，利用班会时间举行"科学家的故事"演讲比赛。由此，学生也明白了只要对科学产生浓厚的兴趣，加上目标专一，持之以恒，自己的理想一定能实现的。法布尔对科学的热爱，对科学事业的执着，深深地感染了学生，学生的心中涌动着对科学家的热爱和向往之情。

了解科学知识，激发科学兴趣

兴趣是最好的老师，一旦学生对科学产生了兴趣，那他们学科学，用科学就会成为自己的自觉行为。在学完《陈增巧破巫术》后，学生话匣子打开了："老师，我有一次头疼，奶奶说可能是去世的爷爷摸我的头了，为了证实是不是真的，就用了两根筷子竖在锅里，一边叫着死去家人的名字，一边用水从筷子的上头淋，不一会，奇迹真的出现了，那筷子竟然站住了。奶奶说：'看，真是爷爷摸你的头了。一定是你爷爷没有钱用了想要钱了，晚上去烧点纸钱给你爷爷，你的头就不疼了。'晚上爸爸真的帮了我去烧了纸钱，第二天我的头真的不疼了。老师，你说是不是爷爷摸我的头呀？"有的说，我头疼时，我的家人用黄豆，一边走、一边丢，还不时的叫着家里死去的家人的名字，然后还烧纸钱……针对此，我利用一节科技课让学生专门自己做实验。学生做了明矾写字的实验，筷子直立的实验后，不约而同地对我说，回家一定告诉奶奶那种做法是迷信的，下次生病一定到医院去，有的说回家做实验，用事实说话，让大人们不要再迷信了……自那以后，学生对科学越来越感兴趣了，还经常找些有关科技方面的课外书聚在一起探讨研究，班上学科学的气氛更加浓厚。

利用自然环境进行调查研究

语文课本中有很多内容讲到了关于环境保护方面的问题，教育我们要合理地、科学地利用自然环境，这样，能造福于人类。反之，则会受到大自然的惩罚。例如学习《访问环保专家方博士》后，老师又

搜集了大量的有关水资源缺乏的资料，让学生增加节约用水的意识。我还组织学生利用课余时间，走出校门，来到附近的张村河，亲眼看看水资源的污染问题，在活动中我们采集了水标本，请科学老师帮忙进行分析研究。学生通过调查和访问，了解产生污染的原因，写出调查报告，并向镇政府提出倡议，号召家乡人民爱护家乡，爱护水资源，在发展好乡镇企业的同时还要保护好自己生存的空间，采取科学方式进行综合治理，以有利于经济的更快发展。

开展语文竞赛活动，渗透科技教育

语文竞赛活动的内容是丰富多彩的，它全不受课程标准和教材的限制，它的存在和发展为开展科技教育创设了一个自由而宽松的环境，也为学生中的科技骨干力量——一部分有科技潜力的学生提供了"冒尖"的机会和条件。

（1）科学儿歌朗读比赛。

朗诵是小学阶段经常举行的一项比赛活动，让学生朗诵爱科学的儿歌宣传科技知识，有利于启迪儿童的想象力，激发他们爱科学的兴趣并培养他们为未来的科学技术现代化而努力学习的责任感。

（2）电脑作文竞赛。

当今时代已进入了高科技信息时代，电脑的运用已开始普及。开展电脑作文竞赛，就是让学生利用电脑直接作文，打破传统的作文方式，让学生深切体会到现代技术手段的优越性，激发科学兴趣。

（3）设计机器人写说明比赛。

兴趣是产生动机的主要原因，是学习的先导，是推动学生掌握知识和获得能力的一种强烈的欲望。当学生对现代科技发生兴趣时，他们就会产生强烈的求知欲，积极主动而且愉快地进行学习。机器人作为一种高科技的产物，越来越受到科学界的重视，也深受广大小学生的喜爱。因此，我们举行了机器人设计大赛并要求为设计的机器人写

上说明，将科学性、知识性、趣味性巧妙地结合起来，使学生在创作的过程中愉快地学习科学知识，培养科学想象能力。同时，也是学生对自己语言文字运用能力的一种检验。

科技是第一生产力。对小学生传授科学知识，进行科学启蒙是小学教师的一项重要任务。作为语文教师，把语文教学与科学教育相结合，注重渗透，讲究科学，鼓励探究，在实践中提高认识，不断发展。因地制宜的科学教育是有效的，它使学生的思想情感得到了陶冶，操作水平得到了锻炼，创新精神得到了发展，科学素养得到了提高。虽然语文课不像科学课那样直接对学生进行科学教育，但是，语文学科的性质和语文教材的功能决定了在语文学科中渗透科技教育必须结合语文学科的自身固有特点，她犹如一缕春风，润物无声，让学生在潜移默化中提高了科学素养。

6. 物理课上的科技教学

发挥课堂教学的主渠道作用

（1）注重科学家名人轶事与物理史教学。物理发展史是物理教学的一项重要内容，通过物理发展史的教学，不仅使学生了解物理发展的历史，一些著名物理学家的典型事迹与故事，同时也能较好地培养学生良好的科学素养和人文精神。同时，在实际教学中，适当向学生介绍建国以来，特别是改革开放以来，我国在航天领域和高科技领域中所取得的巨大成就。例如近年的神舟系列飞船与杨立伟太空旅行，了解科学技术给社会发展和四化建设带来的巨大动力，树立民族自尊心和自信心，从中受到良好的科技与人文精神教育。

（2）突出物理知识的实用价值。例如在讲解光的直线传播时，我让学生举出生产生活中，应用光的直线传播的具体例子等。通过这些知识的介绍，使学生更加认识到科学知识在日常生活，工农业生产乃至高科技领域中的地位和作用，从而更加相信科学，热爱科学，树立良好的科技意识和"科学技术是第一生产力"的思想。

积极组织开展物理课外活动

物理课外活动是加强对学生进行科技知识和学科渗透教育的重要阵地。与课堂教学相比，课外活动具有更大的灵活性和选择性。

（1）科技小制作根据学校的实际情况，我们积极组织学生利用课外活动时间开展科技制作活动，如自制电铃、自制平行光源、制作针孔照相机、制作潜望镜、自制量筒、楼梯电灯开关电路等。

（2）指导学生阅读科普读物根据学生的知识基础，教师要指导学生阅读有关的科普读物，使学生更多地了解科技知识和科技发展的新动向，增加学生的科技知识，使学生掌握更多的科学文化知识，培养学生的科技阅读能力。

（3）举办科普知识讲座。科技知识与社会发展、生产、生活紧密联系在一起，在举办科技讲座时，要认真选择材料，或根据有关资料撰写讲稿，根据平时收集的材料，利用活动课分班级或集中学习，可以收集军事科学、航天技术、通信技术、空间技术、科学家的事例与贡献等材料，对学生进行思想品德和科学素质教育。

7. 将现代科技引入物理教学中

在最近的百年里，物理学取得了重大的进展，今天的物理学仍在飞速发展，已出现了许多新的领域和全新的物理观念，仍然是现代前沿科学中最为激励人心的学科之一。面对一日千里的现代科技，物理教师有必要对物理学的现代进展的各个领域有一个概括的、清晰的了解，然后把它们通俗的引进到自己的教学过程中来。

在教学过程中，适当引进新奇的物理知识

教学实践告诉我们，教师应充分利用浩如烟海的网络信息，充分收集和整理那些与物理教学相关的新奇有趣的知识信息，在教学过程中紧扣教学内容，合理组织教学，适时透露或讲述这些知识信息，既能对教学过程起画龙点睛的妙用，又能激发学生学习动机，培养其学习兴趣。如：在讲述惯性一节时，教师为印证质量是惯性大小的量度，可以以世界上最大的轮船为例，最后引进惯性的问题。可以告诉学生由于轮船质量太大，所以在航行时遇到礁石等障碍时根本就不转弯，它也来不及转弯，直接就压过去继续航行。还可以在万有引力定律中引进天文知识，如黑洞，讲述了光也无法逃离黑洞引力的束缚。根据第二宇宙速度公式和恒星质量算出黑洞半径不到三公里。学生们知道大的恒星半径是百万公里，现在塌缩成不到三公里，那么他们除了惊叹还是惊叹。实际上这也在无形之中为我们解决了黑洞半径的估算这一考点。

在教学过程中，只要我们教师花费一定的时间精力，通过网络收集能够紧扣教学内容但又新奇古怪的知识信息，再通过备课组织这些信息，上课时合理创设情景巧妙穿插讲述这些知识信息，不仅能使教师自身知识面得到拓宽，更能开拓学生眼界，使学生对物理产生浓厚的学习兴趣。即使是对物理最排斥的学生也会接受物理的。

通过演示实验，提高学生的科技意识

加强实验教学，不仅有助于培养学生的动手操作能力、观察能力、独立分析问题解决问题的能力，而且有助于培养学生实事求是的科学态度、创新意识、创造能力，同时也使学生受到良好的科技意识教育。目前，学生普遍感到物理"难学"，其原因之一就是物理教学中缺乏实验。而一些经济发达的国家，非常重视物理实验教学和研究问题的方法。目前，我国中学教育正由应试教育向素质教育转变过程中，我们对物理实验教学必须引起高度的重视，为了研究好这些课题，教师必须研究教材中哪些地方学生感到抽象、容易混淆、接受困难，并结合教学实际，研究解决的方法，努力开发一些直观的演示，同时在教学中引进近代物理学的某些思想方法和现代科学的新成就。例如：用激发演示光的干涉和衍射，用发光二极管演示电磁感应中机械能与电能的相互转化等。在实验教学中，可在规定的实验中，适当增加相关演示项目，使教学内容更加丰富，使学生的眼界更加开阔。例如"分子间作用力"的演示，可在两只乒乓球间夹上一段弹簧，球的外侧套上橡皮筋，平衡时，引力等于斥力；增大球距时，引力大于斥力；缩小球距时，引力小于斥力。这样不仅培养学生对物理的学习兴趣，更多地拓宽学生视野，丰富他们的想象，而且能有效地提高学生的观察能力、分析问题和解决问题的能力。

通过各种课外活动，增进对前沿物理学的了解

由于社会的发展、科技的进步，在物理教学和物理测试中应努力体现"面向现代化、面向世界、面向未来"的精神，使中学物理教学和测试的内容更接近现代物理的发展，体现前沿物理的最新成就。教育主管部门也明确要求学生要"理解自然科学的基本概念、原理和定律；了解自然科学发展的最新成就和成果及其对社会发展的影响；能读懂一般科普类文章，了解自然科学知识在人类生活和社会发展中的应用。"因此，要求我们教师在课余时间要指导学生进行课外阅读，了解有关当代物理学前沿的最新成果，使学生理解物理学与技术进步、社会发展的关系，从更广阔的角度认识物理学的进步。物理课外活动也是加强对学生进行科技知识和科技意识教育的重要阵地。与课堂教学相比，课外活动具有更大的灵活性和选择性。

首先，要指导学生阅读科普读物和举办科普知识讲座。根据学生的知识基础，教师要指导学生阅读有关的科普读物，使学生更多地了解科技知识和科技发展的新动向，增加学生的科技知识，并定期组织"实用物理知识竞赛"，以调动学生学习、读书的积极性，使学生掌握更多的科学文化知识，培养学生的科技阅读能力。

科技知识与社会发展、生产、生活紧密联系在一起，在举办科技讲座时，要认真选择材料，或根据有关资料撰写讲稿，根据平时收集的材料，利用活动课分班级或集中学习，可以收集军事科学、航天技术、通信技术、空间技术、科学家的事例与贡献等材料，对学生进行思想品德和科学素质教育，还可以联系社会生活中的物理，让学生自己搜集资料在班上进行专题介绍，还可以利用板报介绍科普知识及物理知识的应用。

其次，要鼓励学生将自己学到的知识运用到实际中去，学生可以利用教材中的知识，结合实际去解决生活和生产中的实际问题，如学习"水能风能的利用"后，可调查当地能源使用情况、环境污染情况，并提出改进意见，还可以结合教材中的内容，调查噪声污染、热机的使用、农村用电等情况。根据学校的实际情况，我们积极组织学生利用课外活动时间开展科技制作活动，如自制电铃、自制平行光源、制作针孔照相机、制作潜望镜、自制量筒、楼梯电灯开关电路等，并组织展评。科技活动的开展，既能锻炼学生的科技制作能力，又能为学生将来工作后自制简易教学用具打下良好的基础。

总之，在现代科技发展和科技教育中，增强学生的科技意识，提高学生对科学技术是第一生产力的认识，物理起着至关重要的作用。

8. 生物课上的科技教学

新一轮生物学课程改革倡导探究性学习，不仅是学习方式的简单转变，更包含着促进学生素质发展的深意和期待。长期以来，我国的中小学教育，偏重于强调学生对学科知识的机械记忆以及解题的技能技巧，忽视了培养学生对知识的综合应用能力以及创造性地解决问题的技能，因而出现了所谓的"高分低能"和书呆子现象。这一现状与我国高速发展的经济和日新月异的世界科技进步很不适应。而且，枯燥的知识灌输、学了无用处的思潮，也使不少中小学生厌学情绪浓重，学习被动，充满了只为分数的功利型学习观念和"装卸型"学习方式。探究性学习正是为了改变这一现状而推出的有力措施和新的学习模式。

探究性学习是学生在老师的指导下主动地去探究问题的学习模式。在探究性学习中，学生以类似科学研究的方式发现问题，主动地去获取知识、应用知识，其目的是改变学生的学习方式，引导学生主动参与、乐于探究、勤于动手，培养学生自我获取知识的能力。探究性学习这一新的学习模式，要求师生改变传统的教师、课本、教室三中心教学观念，改变传授型的教学方式，以适应以学生发展为本。笔者是一名中学生物教师，又是一位科技辅导员，除了在生物课堂上实施探究性学习来引导学生主动参与之外，近年来，为适应探究性活动的需要，我在生物课外科技活动中实施探究性学习的教学方法上也作了一些探索和尝试。

创设探究性问题情境，拓宽探究思路

创新并不神秘，这种求异思维的冲动和能力，可以说是人人都有

的，是与生俱来的天赋，是人生下来能够适应环境的天然保障。而问题意识、问题能力可以说是创新的基础。早在上世纪30年代，陶行知先生就言简意赅地说，创新始于问题。有了问题，才会思考；有了思考，才有解决问题的方法，才有找到独立思考的可能。有问题虽然不一定有探究，但没有问题一定没有探究。因此，在教育过程中一定要创设好问题情境，以拓宽学生的探究思路。笔者在生物课外科技活动的辅导中就如何创设问题情境上尝试着改变一些旧的教学方法。

传统的生物课外活动教学方法与一般的校内课程一样，也是传授型的。比如，教师先向学生讲解如何制作植物叶脉标本、腊叶标本、透明浸制标本、蝴蝶标本等，然后示范。接下来学生依样画葫芦，做得一丝不差的就是最好，学生不必动脑筋。其效果是学生思维呆板，活动结果都在预定之中，学生自然少有兴奋、更无创新。

为改变这一状况，笔者在"探究植物叶脉标本的制作"是这样创设问题情境的：河沟里往往有一些烂叶片，捞起来用水一冲，也可得到叶脉标本，这是为什么？能否考虑用浸泡的方法来腐烂叶肉？浸泡的溶液会有哪些？浸泡的过程须多长时间？哪些植物叶片适合用浸泡的方法来制取叶脉标本？这一下，学生的思路开阔了，思维的火花闪现了，他们调动了原有的知识结构去探究该情境中的问题，并积极地从多角度去思考问题、发现问题。众说纷纭，兴奋异常！有的说用自来水来浸泡树叶、有的说用池塘水浸泡、有的说用食醋溶液浸泡、有的说用洗衣粉溶液浸泡、有的说用碱溶液浸泡等等。这些方案体现了学生思维的广阔性，体现了问题情境创设的重要性，教师应及时鼓励，以拓宽学生的思路。

对于学生提出的各种制作方法，笔者不以好坏来论断，而是依据基本原理，就其可能的结果与学生一起讨论，加以分析、比较、筛选，鼓励学生用自己的实验结果来得出结论，让学生们根据自己的想法去

进行制作。其制作结果当然再也不会是千篇一律的了！有的人成功了！也有的人失败了！通过探究活动，最终得出池塘水和自来水是理想的浸泡溶液（细菌可以大量繁殖，而酸碱溶液抑制了细菌的繁殖），白玉兰叶片也是理想的材料。学生对自己设计方法并通过摸索进行制作兴趣十足，对做成的标本欢喜有余。在此基础上，我又引导学生思考如何开发叶脉标本的工艺品。这样经过多次活动以后，学生体验到了探究性学习的乐趣和甜头，对探究性学习产生了兴趣，逐步养成了善于提问、勤于思考、乐于动手的良好习惯。叶脉书签、叶脉画框、叶脉花、叶脉灯罩、叶脉生肖等多种叶脉标本的工艺品应运而生，《探究用简便方法制作叶脉标本的实验》荣获第21届福建省青少年科技创新大赛优秀项目三等奖。

塑造鲜明的探究个性

从某种意义上说，没有个性就没有探究，探究过程往往表现出鲜明的个性。教师应该承认学生的个体差异，尊重学生的不同兴趣爱好，同时深入了解每个学生的性格特征、兴趣爱好及特长。在此基础上实施个性教育，引导学生发展具有探究性的人格特性，鼓励并积极创造条件帮助学生发挥特长，给学生留有更大的选择余地和自由发展空间，塑造鲜明的探究个性。

（1）只有科学方法，没有标准答案。

非对即错，学习只追求一个标准答案和最高得分是传统的应试教育的一大弊端，这一弊端不仅体现在学生身上，也反映在教师的教学中，严重阻碍了探究性活动的开展。笔者在生物课外探究性活动教学中，对学生们强调只有科学方法，没有标准答案。对各种问题的讨论只重视你思考问题的科学性、陈述问题的逻辑性，不强调结果的对或错。这样，打消了不少学生怕答错问题让同伴笑话的顾虑，引导学生进行独立思考，逻辑推理，把精力放在寻找论据上，广开了"言路"。

学生的思路渐渐活跃起来，敢于各抒己见，慢慢地进入了主体角色。为此，笔者在课外科技活动的辅导过程中，只要学生能提出自己的想法，而不完全局限于课本，就及时予以充分肯定和鼓励，尝试塑造鲜明的探究个性。

例如，柑桔是日常生活中常见的材料，用柑桔皮来喷杀蚂蚁也是小孩子常玩的游戏，在辅导科技活动时，有位同学突发奇想：能否用大剂量的柑桔油来喷杀蟑螂？在这种探究性思维的驱使下，我因势利导，先讲述柑桔油致死昆虫的原因，然后引导学生大胆尝试、大胆探究。同学们分别用类似的植物材料如大蒜、洋葱等来喷杀蟑螂，一个个兴致勃勃，没有被从书上找不到答案所吓倒。几经周折、几经苦难，消灭蟑螂的环保型材料"诞生"了，在此过程中，不仅有一次次的探究实验，还把环保型灭蟑液在小白鼠身上做实验（以防对人体有毒害作用），最后在家庭中试用成功。一系列的探究过程完全符合科学探究的基本思路，同学们的科学意识提高了，对科学家那种严谨致学的态度也有了一个新的认识，《探究消灭蟑螂的环保型材料》获第21届福建省青少年科技创新大赛优秀项目二等奖。

（2）培养学生动手动脑。

著名教育家陶行知指出，在用脑的时候，同时用手去实验，用手的时候，同时用脑去想，才可能进行创造。探究性学习必须给学生提供既用脑又用手的机会，让学生动脑动手亲身经历问题探究的实践过程，从而获得研究的初步体验，加深对自然、社会等各种问题的思考与感悟，激发起学生探索问题的求知欲和体现自身价值的创新精神，并养成独立思考和重视解决实际问题的学习习惯。

在生物学课外探究性活动中，笔者注意让学生既用脑又用手，在课程里安排了一些小发明、小创造等既用脑又用手的活动内容。同时注意诱导他们做好用脑和用手之间的衔接，在动手的过程中培养学生的探究个性。

　　笔者在生物科技活动中尝试让学生设计一项适于野外捕捉昆虫用的帽子，要求该帽子集捕虫用具于一身，做到一帽多用。具体的设计方案由学生自定，其中有一个小组是这样设计的：普通的草帽用迷彩布装饰，外观大方，帽的上方装有捕虫网，捕虫网的柄还可当拐杖用，帽的下方连有雨衣，随时装卸，帽的边缘缝有五个带有拉链的口袋，内装放大镜、手电筒、指南针、地图、笔、笔记本、口罩和白纸等一些捕虫用的辅助用具，并取名为《神奇的捕虫帽》（获 2003 年莆田市青少年科技创新大赛三等奖）。这样，学生通过用脑—动手—再用脑—再动手反复交替，体会到有时想来很容易的操作问题，实际做起来不简单，反之，有的思考时很复杂的步骤，在实际应用熟练后，跳跃几步即可到位。强调动脑又动手、动手又动脑的教学方法，其结果不但灵活了学生们的双手，还活跃了大脑，给了他们跳跃式思维的体验，为日后的解决实际问题能力和创新能力提供了基础。

　　通过以上教学方法不但使每个学生体验到探究性活动的魅力和乐趣，体验到思维方法和实践操作的重要性，也培养了学生细心认真、凡事要思考的良好习惯，养成尊重科学的道理和重视实践出真知的科学素质。探究性学习是一种全新的学习方式，在探究性学习中，一个好的教师要采取科学有效的教学策略，精心设计一个让学生感到无忧无虑的空间、一个可以探索、表达、分享思想的自我完善的空间，牢牢记住和把握"学生为主体，教师为主导"这一教学原则，唯有如此，才能进一步提高探究性学习的实效性，才能使探究性学习这一重要课程理念发扬光大。

9. 信息课上的科技教学

小学信息科技是一门新的学科，在学习、实践，总结中，我们可以根据平时的教学实践，使用以下的教学方法。

"伙伴教学"法

"水平差异较大，课难上"，这是刚开始教学时面临的最大问题，家里有电脑的学生已经会使用网络寻找所需的资料，而家里没有电脑的学生连开机、关机都不会。

基础好的学生往往让老师又爱又恨。以他们为对象教学，而忽略大部分学生，当然是不合宜的。但以正常进度教学时，这部分优秀学生，因教学内容对他们缺乏新颖性，度过一开始的"炫耀期"后，总不能认真听讲，甚至影响到旁边的同学。

针对这一现象，老师在课堂上可采用伙伴教学法。首先肯定他们使用计算机的能力，并鼓励全班学生遇到困难时先请教他们，如果小能手们不能解决，则请教老师。老师解决问题时，小能手留在老师旁边学习，老师一面解决问题，一面向他们讲解处理此类问题的技巧，争取下次碰到同样的问题，小能手能够独立解决。

这样"让学生当小先生"——已有一定计算机基础的学生给掌握较慢的学生当小老师，既解决了学生原有学习层次差异问题，又培养了学生的协作精神。

实施该教法时应注意：教学时注重差异教学，要有目的有意识地辅导这部分优秀学生，既充分调动他们学习的积极性，又培养一批教师的好帮手，让一个优秀的学生带出一帮优秀的学生。

"教学空隙"法

刚开始教学时，教师应极仔细地备课，设想学生可能碰到的所有

问题，并在课堂上详尽讲解，如果不这样面面俱到，学生会理解不透，最终对课堂失去兴趣。

这种教学方法，短期效果很好，学生很快地完成了当天的学习任务，（只要记住老师操作的每个步骤就可以了），但从培养学生应用计算机能力，思考能力、探索能力角度出发，是得不偿失的——他们很快就忘记了所学的内容，上节课所学的内容到下节课就忘了，上课的积极性也不断减弱。

实际上这种方法并不利于孩子们的成长，他们对这种轻松获得知识的方式不感兴趣，甚至感到厌倦——得到知识的过程过于顺利，大大削弱了他们的获得知识的成就感。他们更喜欢通过自己的实践发现问题，再通过自己的思考解决问题，老师太多的帮助、解说，反而剥夺了学习的真正乐趣。

因此，教师在班中可尝试"教学空隙"法，教师可选择一些相对简单的教学内容，采用"粗枝大叶"教学方式，更多内容都是通过学生给学生讲解或学生自己操作来理解、获得。而当学生遇到困难时，老师则热情的鼓励他们自己思考解决。

这不仅是一种有效的教学法，更重要的是它体现了教学的一种新观念，即学生是教学过程的主体，应该鼓励学生尽可能参与探索，养成"发现问题→思考→想办法解决问题"的良好思维习惯，锻炼学生独立解决问题的能力。

这种教法最难把握的是"空隙"的大小："空隙"太大、太多，学生摸不着门路，"空隙"太少，则学生就没有探索的机会，这两种情况都会导致学生渐渐对这门课失去兴趣。恰到好处的留白是建立在对全班学习情况的深刻了解，和不断尝试，观察，总结的基础上的。

"无为"教学法

老子古时就提出了"无为自化"的教育理念，"无为"指教的方

面，并不是说无所作为，而是指教师为学生创造一个能够促进学生自由发展的宽松环境，让学生在一种接近"零"压力的状态下接受教育，而不以"万能的上帝"自居，对学生横加干涉。

这是学生最向往的教学法，虽然被许多人认为是一种理想主义的空想，"给学生宽松的空间，就是给他们吵闹、调皮的机会"，"越放松，越是学不到东西"，但在信息科技的教学中，"无为"教学法却有存在发展的空间。

信息科技课是一门操作性极强的课程，而在实践过程中，讨论、争论是必不可少的，因此不要过多的强调纪律，安安静静整整齐齐不是好课堂。允许学生适当的"无序"和"超越"，不要压抑孩子，对于有创新的同学更是允许和鼓励。放手让学生去想，去动手试，并对他们的思考给与评价，这样非常有利于提高学生的兴趣，许多知识动手试试会掌握得更快。

此时，教育虽然隐于无形之中，但教育又是无处不在的。课上教师要时刻关注学生，观察他们的言行，推测他们所处的状况。如果感到孩子经验不够或力量不足则给予适时适当的帮助。如果发现孩子开始出现不良习惯和不良倾向，要及时纠正，在初露端倪时就要杜绝。

总之，努力提高信息技术教学质量是一项复杂而艰巨的工作，这需要教师不断的学习，不断地尝试艺术与智慧结合的更高超的教学方法。

第二章

学生数学教学的指导

1. 数学教学的趣味性原则

在很多人的观念里，数学的教学都是很枯燥乏味的。不可否认地说，这种传统的数学教学观念影响了很多人。包括老师、学生家长甚至学生。确实，在教师们教材进行改进之前，数学书打开就尽是些算式、公式、符号和练习题。在教师们还是小学生的时候，就没有去想过这数学课怎样上得有趣生动。教师们就只想着这数学就是听讲例题，然后人量地练习，成绩就会好了。然而，随着时代的进步、社会的发展，各种先进的理念不断地进入教学领域。这为教师们教育工作者带来了更大的教学压力但也带来了更大的学习空间。

大家都知道，任何科目的学习，如果学生学习起来感兴趣，那么教学是一件十分轻松愉快的事情。应该说兴趣是学生学习的最人动力！那么，数学的"教"和"学"能不能做到生动、有趣味，学生乐意学习呢？

内容趣味吸引学生

在教学的过程中，要吸引学生来听学习的内容。这就意味着教师们学习的内容就要让他们觉得有趣。怎样让他们觉得有趣呢？作为学生，他们感兴趣的是贴近他们生活、和他们自己有着密切联系的问题。也许就有人会问，这数学和教师们的生活好像没什么联系，也没多大用啊？确实，教师们不认真去想，还真觉得数学不在教师们身边，没有人说话说一二三、几加几。但是，教师们细心地去发现，才知道在教师们生活中有很多很多的数学现象。

比如买多少东西要多少钱、怎么付钱、几点起床、到学校要多久……那么教师们教师在教学中就应该把这些隐含在生活中的与教师们的生活比较贴近的实例找出来和学生一起探讨。关于贴近生活得例题，教师们的教材改进就专门针对这一点做了很大的改动。数学书上开始出现了很多的插图。图上画的东西，所举的例子都是生活中的实际问题。这样一来，学生在学习上就会对所学内容有一定的兴趣。同时，值得教师们注意的问题是：在学习书上的内容的时候教师们还需要搞清楚教师们所面对的对象。书上的一部分例题，一部分插图所表述的内容对于农村的孩子们来说可能有些许陌生。那么教师们教师在讲解教材的时候是不是可以考虑在书本的基础上再从新加入教师们身边的数学元素？另外，学生对于和自己有关的问题有着极其浓厚的兴趣，如果教师们老是在讲课的时候能适当地用和本班同学相关的问题来举例应该能让学生觉得更加地有趣！这就是通过有趣的学习内容来吸引学生。对于内容的趣味教师们就应该从上课的过程着手。

（1）课题的导入。

要使数学课上起来有趣味，内容吸引学生。那么课题的导入是十分关键的。那么就要求教师在备课的时候要认真地去发掘关于本堂教学的趣味元素。用什么让学生感兴趣的内容来吸引学生的注意力、怎么样让学生的思维跟着教师的教学思路走？这都是教师们教师在备课中应该下很多功夫的。有了一个好的、有趣的课题导入，学生的注意力都集中到老师所讲的内容上。那么备课这一重要的环节呢教师们就算是成功的。

（2）数学的过程。

在教学的过程中，例题的讲解、概念的理解、公式定理的认识都是必不可少的内容。而这些内容是最易让学生觉得枯燥乏味的。那么，怎么样给这些"死"的东西、枯燥的内容加入"活"的、有趣味的内容呢？对于例题的讲解，教师们是不是可以考虑把例题的内容加以"升华"，在例题中加入一些简单小故事，小幽默。这样，让学生在一

个开心的环境下听课教师们就可以收到很好的教学效果；对于概念公式，这些内容是比较"死"的。那么，要使之有趣味教师们就应该让它"活"起来。教师们可以把这些内容通过比喻、拟人的方法转化成一些具有生命的有活力的"个体"。让学生通过认识这些"个体"而识记概念公式。这也是一个数学趣味教学的典型方法。

教师讲话的趣味性

上课过程中，教师们还要充分运用好教师的语言魅力。教师在讲课时语言的生动、有趣却并不是很容易做到的。这就需要教师们在平时生活中多积累、在教学中多体会、在与学生一起时多沟通。比如教师们要批评某个同学，那教师们就不用声色俱厉地去数落他。而应该用深刻而又幽默的语言去教育学生，让学生认识到自己的不对却又并不对老师的批评有逆反的心态。

总的说来，数学教学要教出趣味、学出趣味，需要教师们不断地在身边发掘与数学有关的趣味元素；不断地用孩童的心态去体验趣味、用耐心去创造趣味。

2. 数学教学要发现趣味性

俄国著名文学家托尔斯泰说过："成功的教学所需要的不是强制，而是激发学生的兴趣。"兴趣出勤奋、勤奋出天才。兴趣是指一个人力求认识某种事物或从事某种活动的意识倾向。"培养学习数学的兴趣"是《九年义务教育全日制小学数学教学大纲》中的一项任务，因此，兴趣的培养在学生的整个学习活动中起着十分重要的作用。就数学特点来说，它是一门知识抽象，逻辑严密的学科。小学生年龄小，尤其是低年级的孩子，让其在短时间内明白一个道理光靠老师硬灌，学生会感到乏味和厌倦的，学习效果往往是事倍功半。怎样激发学生的兴趣，调动学生学习的热情，使学生在轻松愉快气氛中学习，是一件十分重要的事情。教师就如何用趣味激发学生的兴趣谈一点不成熟的做法。

引入的趣味性

引入新课是一堂课的前奏。一堂课的开端虽然教师清楚，自己要教什么，理解什么，要求学生知道什么，记住什么，理解什么，会做什么，但对于学生来说，还是一个谜。尤其是低年级的学生，爱动、好奇心强，教师若能抓住儿童的这一心理，巧妙引入新课内容，揭示课题，激发学生的学习兴趣，那就是一节成功课的良好开端。

引入新课有情趣，实质就是创设兴趣情境，让学生在较短的时间内，轻松愉快地进入最佳学习状态。教师在讲授"速算与巧算"时，因二年级的学生入学前都上过学生班或学前班，如果枯燥的说出本课要学的内容，揭示课题，学生会感到乏味，可能就会骚动起来，于是教师用"1、2、3、4、5、6、7、8、9，谁和谁是好朋友"来导入新课，揭示课题，学生注意力非常集中；在教学"数列求和"时，教师给学生讲高斯求和的故事：

高斯念小学的时候，有一次在老师教完加法后，因为老师想要休息，所以便出了一道题目要同学们算算看，题目是：

$1 + 2 + 3 + \cdots\cdots + 97 + 98 + 99 + 100 = ?$

老师心里正想，这下子小学生一定要算到下课了吧！正要借口出去时，却被高斯叫住了！！原来呀，高斯已经算出来了，小学生你可知道他是如何算的吗？

高斯告诉大家他是如何算出的：把 1 加至 100 与 100 加至 1 排成两排相加，也就是说：

$1 + 2 + 3 + 4 + \cdots\cdots + 96 + 97 + 98 + 99 + 100$

$$100 + 99 + 98 + 97 + 96 + \cdots\cdots + 4 + 3 + 2 + 1$$
$$= 101 + 101 + 101 + \cdots\cdots + 101 + 101 + 101 + 101$$

共有一百个 101 相加，但算式重复了两次，所以把 10100 除以 2 便得到答案等于 <5050>。

从此以后高斯小学的学习过程早已经超越了其它的同学，也因此奠定了他以后的数学基础，更让他成为——数学天才！

在学生听得入神的时候，教师揭示了课题"数列求和"。当然采取什么形式引入新课，揭示课题，应根据教学内容和学习环境设计，但面对小学阶段的孩子应尽可能做到有趣味性。

讲授的趣味性

讲授新课是一堂课的主旋律，能否使学生在这段时间里保持旺盛的注意力，经常产生新鲜感，怀着愉快的心情去接受新知识，这就需要教师有扎实的语言基本功，即语言既准确、简练，又要生动有趣。

在讲授"鸡兔同笼问题"时，因为小学阶段的学生想象力和动手能力都比较强，所以会让学生先画出小鸡和小兔，这样不但使学生愉快的融入课堂，而且又使他们记住了今天所要学习的课程。接着又让学生观察，小鸡和小兔有几条腿。这样既培养了学生的观察能力，又能让学生动手动脑。学起来很轻松愉快。

练习的趣味性

巩固练习是一首歌曲的反复，优化练习内容，增强练习的趣味性，能起到事半功倍的作用，使学生不感到上课枯燥无味，又容易消除疲劳，振作精神，集中注意力。

教师还要经常用"夺红旗"、"开火车"、"小猫钓鱼"、"对口令"、"接力赛"、"布雷阵"等游戏，增强了练习的趣味性，使学生学得愉快，记得扎实，掌握得牢固，不容易马虎。用教学过程的趣味性激发学生兴趣，有助于发展学生智力，吸引学生的注意力，训练学生

思维的敏捷性，并培养了学生的良好的思想品质，促进了学生的全面发展。在小学数学教学中是一种行之有效的方法。但不是唯一的手段，要根据教学内容、教学环境来选择其教学手段，努力探讨教学良法，使学生更好地掌握一定的数学基础知识和基本技能。

3. 数学教学的趣味性方法

学生普遍喜欢游戏和运动，而数学由于其学科特点，相对而言比较抽象和枯燥，如果将数学知识融入游戏和运动中，让学生在玩中学，在动中学，就既可满足学生的游戏和运动需要，又可很好地完成数学教学目标。根据这一理论设定，在组织小班数学活动时，教师就着手进行数学知识与游戏运动相结合的实验。结果表明，让学生在游戏、运动中学数学比单纯的数学集体活动和操作活动效果要好。归纳起来，大致有几点经验和体会：

在游戏中学数学

教育家说："玩具是学生的天使，游戏是学生的伴侣"，学生就是在游戏中、在玩中一天天长大和进步的。游戏深受学生喜爱，融入数学知识的游戏或者说将数学活动设计成游戏则更受学生的欢迎。在数学活动中，教师总是采用游戏的形式，千方百计地把学生的注意力吸引过来，让他们全身心地投入到活动中，这样，枯燥的数学知识就会变得有趣，简单重复的练习也因游戏而变得生动起来，小学生学得轻松、学得愉快，效果也会更好。

（1）结合日常生活活动设计数学游戏。

日常生活活动在小班学生的一日活动中占了很大的比例，从家长的心理需要考虑，他们也希望老师更多地关注学生的生活护理而不是

学习，所以，将数学知识融入学生的日常生活活动中就是小班数学老师必须面对的一个课题。据此，教师设计了一些游戏，让学生在生活活动中学习数学知识。如：吃饼干的时候，小学生大多关注的是"吃"这一活动，不会考虑别的更多的东西，教师就启发学生动脑筋让饼干"变魔术"，一会儿变成三角形，一会儿变成圆形，一会儿变成正方形，这样，在吃饼干这一生活环节中，小学生们关注的就不再仅仅是吃，同时也巩固了对图形的认识，培养了学生动脑筋的习惯，还避免了浪费饼干的现象。

在日常生活中，随机地引导学生学习数学，能使学生在没有思想负担的情况下，自然、轻松、愉快地获得一些粗浅的数学知识，从而有利于激发学生学习数学的兴趣。

在教师们的生活环境中，每件物品都是以一定的形状、大小、数量和方位存在着的，如：皮球是圆的，手帕是方的，手指的长短粗细是各不相同的等。教师应有意识地引导学生感知日常生活中的数学知识，如：当学生带来各种玩具时，教师可告诉学生这些都是玩具。当各种颜色的毛巾集中在一起时，教师可告诉学生这些都是毛巾，从而初步渗透集合的概念；游览公园时，教师可以让学生数数公园里有多少花，当学生无法数清时，可以教他们用"许多"来表示，并请他们寻找日常生活中还有哪些东西也有"许多"，如：有许多的茶杯、小床、毛巾、玩具等。

学生生活在充满数学内容的环境中，数学启蒙教育的契机俯拾即是，如水果店的水果是分类放置的，动物园里的各种小动物是分类关在不同的动物园舍内的，小学生由矮到高排队，碗、碟从大到小往上叠等现象，都为学生提供了有关数学的感性认识。

学生园的日常生活包括盥洗、餐点、睡眠等，教师可以结合这些活动让学生逐步感知数学知识。如在盥洗的同时可以引导学生观察对

应现象：一只杯子内放 1 把牙刷，1 个小学生用 1 条毛巾，并知道小学生和毛巾是一样多的，但如果有位小学生没有来，就会出现小学生少、毛巾多的情况；进餐时，教师请每组的值日生盛一碗饭，放一把调羹，再把饭一一送到本组小学生的手中，感知对应的方法。吃点心时，教师可以请学生数出自己盘子里点心的数量。有一次吃龙虾片，教师先请学生数出自己盘子里龙虾片的数量，然后问他们每人有几片，如果再给 1 片是几片。当学生回答正确时，教师就奖励他 1 片。餐点结束后，教师可以要求学生学会按顺序做事：先将毛巾展成大正方形擦嘴，再将毛巾对折成长方形擦脸，再对折成小正方形擦手，最后依次把杯子、盘子、毛巾放好；午睡穿脱衣服时，教师可引导学生数数自己穿了几件衣服、几条裤子，从中渗透数数的内容。

（2）结合学生感兴趣的特例设计数学游戏。

小班学生由于年龄较小，不能保持长久的注意力，对于枯燥的数学更是爱不起来，注意力集中不起来。一次，组织学生看魔术表演，教师发现在整个过程中小学生都能高度集中注意力，有滋有味地观看。这说明，小班学生不是不能相对时间长一点地集中注意力，而是视内容和形式而定，能吸引学生的内容和形式就能让学生保持长时间的注意。受这一生活特例的启发，在帮助学生进行数学知识复习时，教师就采用了"变魔术"的方法，比如：将颜色和图形结合起来进行复习，教师故意用夸张的动作将各色图形藏到背后，嘴里说："一、二、三，变、变、变！"小学生都睁大眼睛静观到底变出什么来，注意力高度集中，练习效果也就更好。

国内外众多的研究表明：学生只有通过动手操作、摆弄，才能逐步体验抽象的数学概念，因此教师应为学生提供学数的操作练习材料。例如：让小班学生学习按物体的某一种特征进行分类时，教师可提供给每个学生彩色的正方形、三角形、圆形卡片各 3 ~ 4 张，一张练习

纸，让学生给图形卡片分家，把各个图形卡片摆入形状相同的"家"中。学生在这一操作过程中，不但学会了按物体的某一特征进行分类，还认识了不同的图形。

又如，学习用对应的方法比较物体的多少，学生往往要通过多次的操作练习，才能真正理解。首先教师发给学生每人一张练习纸，要求学生用笔将上排的花和下排的花一一连结起来。接着教师出示小猴和桃子的教具，让学生用一对一连结的方法比较小猴和桃子哪个多，哪个少，由于小猴与桃子没有对齐，有的学生在连结时就出现了一些情况。这时，教师引导学生用画连线的方法玩"小猴吃桃子"的游戏，当笔碰到桃子时，学生就发出"啊呜"声，表示吃了一个桃子。当轮到给第三只小猴吃桃子时，有的学生说吃最后一个，因为最后一个桃子与小猴大致对着，这时，教师引导学生学习按顺序连线。由于教师的指导生动、形象，所以小班学生很快接受了上述比较方法。后来，当教师出示小猫吃鱼时，学生就知道了先找小猫的嘴巴，再去找鱼，并能按顺序连线，从而理解了对应的方法。在操作练习过程中，学生愉快地通过实践获得了有关数学知识，并对数学产生了兴趣。

学生早期数学教育的娱乐化还体现在学生的各类游戏，如：小班学生喜欢摆弄"娃娃家"的餐具，教师就可以趁机引导学生区分碗的大小，把碗和杯子分类摆放；在拼图游戏中，教师可事先拼好简单的图形，制成一张张样卡，然后让学生寻找相应的图形片放在样卡上，并引导学生数数、比较多少。此外，结构游戏对学生认识大小、长短、形状也是十分有益的。

在运动中学数学

有人说，学生是在摸、爬、滚、打中认识周围世界的，由于年龄原因，小班学生更喜欢运动，顺应这一年龄特点，教师注意将数学练习和运动即体育游戏结合起来，让学生在运动中学数学，收效也很明显。

（1）对现有体育游戏进行改编。

许多现成的体育游戏注重的是对学生基本动作技能的训练，因其简单有趣，深受学生的喜爱。如果将数学知识融入其中，岂不是既练习了动作技能又巩固了数学知识？可谓一举两得、两全其美。因此，在教学实践中，教师有意识地对现成的体育游戏进行改编，将数学练习融入其中。如：“拍皮球”是个传统的体育游戏，教师结合“1”和“许多”的教学和3以内的点数，在原来的游戏中增加了“拍一下”、“拍许多下”、“拍三下”等，让学生练习边双脚跳边回答：“跳一下”、“跳许多下”、“跳三下”。改编后的体育游戏更切合教学实际，也更有利于学生掌握数学知识。

（2）根据需要创编体育游戏。

根据数学科的教育计划，许多游戏是让小学生在室内进行桌面操作的，能不能创编一些包含数学练习的室外体育游戏呢？因为那样既可以满足学生户外活动的需要，同时也能进行数学练习。实践证明，根据数学教学的需要，创编一些易组织的体育游戏是可行的。如：结合“按大小排序”的教学，可创编《教师给球儿来排队》的室外游戏；结合图形的教学，可创编体育游戏《跳房子》等。

根据皮亚杰的认知理论，有学者提出了让学生从“在操作中学数学”向“在社会情景中学数学”变革的理论，教师想，让小班学生在游戏中、在运动中学数学也算是学习这一理论的一点实践经验和体会吧。

4. 数学知识的趣味性和操作性

强化操作，使数学知识不断展开和深入

低年级小学生，他们的抽象概括水平极低，主要还停留在“直观形象水平"。研究表明，"他们所能概括的特征或属性，常常是事物的直观的、形象的、外部的特征或属性，他们更多注意的是事物的外观和实际意义。从这一规律出发，充分地让学生看一看、摸一摸、数一数、量一量、掂一掂、试一试，对实际事物进行感知性操作，逐步发展学生抽象概括能力和对数学的更深层的理解。如一年级上册里有一道"聪明题"：把下列铅笔分类，你有几种分法？下面画有一大堆铅笔：有用过的和没用过的、有长的短的、有橡皮的和没橡皮的、还有各种颜色的。这是一道多标准分类题，对一年级学生来说比较难，如果只让学生讨论、说说或者老师问学生答，这样大部分学生肯定糊里糊涂。

在教学时，让全班学生拿出自己的全部铅笔，按照你自己的想法分一分，过了几分钟，奇迹出现了，各种不同标准的分类展示在眼前。然后让不同分法的学生说说道理。一道很抽象的数学问题在学生的动手操作中很快解决了，学生很兴奋，教师也很兴奋。再如，一年级上册里的小正方体堆积起来的各种图形，让学生数一数每个堆积图形里有几个小正方体。教师先让学生看着图数，大部分学生只数出看到的部分，这时，教师让学生拿出自己的学具小正方体按照书上的图形摆一摆，一会儿，正确答案出来了，有的学生恍然大悟地说：原来下面没有图形，上面的图形就没办法放。

数学的产生源自于生活实践，数学的教学同样离不开实际的生活。在扎实训练学生掌握数学基本知识和基本技能技巧的过程中，教师们必须要注重联系实际，强化学生的动手操作活动，以培养学生创新精神和实践能力，使数学知识不断展开和深入。

激发兴趣，推动学生学习的内部动因和动力

兴趣是直接推动学生学习的内部动因和动力，心理学家认为"兴趣是最好的老师"。学生是有个性的人，他的活动受兴趣支配，一切有成效的活动必须以某种兴趣作先决条件。兴趣可以产生学习动机，是学生学习的重要动力源之一，有了兴趣，教学才能取得良好的效果。如，一年级上册有这样一道思考题：小学生们做操，小明的左边有4人，右边有7人，这一排共有多人？在做这道题前，教师用很兴奋的口气说，现在教师们来做游戏，不过你们必须按老师的要求排好队，然后教师们才能开始玩，行吗？学生的气氛很高昂，然后出示题目，学生很激烈地讨论着，教师让他们下座位排排看，很快，答案出来了。接着用类似的方法解决了"从左往右数小明是第4个，从右往左数小明是第7个，这一排一共有多少人？"整个教学过程紧张而热烈，学生学得非常高兴。

数学既能锻炼人的形象思维能力，又能锻炼人的逻辑思维能力。主题思维要善于在事物的不同层次上纵、横两个方面发展，达到对事物的全面认识。为此，教师们应重视在数学教学过程中揭示数学问题的实质，帮助学生提高思维的凝练能力。在解决问题的过程中，先对问题作整体分析，构建数学思维模型，再由表及里，揭示问题的实质。当问题趋于解决后，由此及彼，系统地研究相关的问题，做到解决一题就可解一类题，即触类旁通，才能提高课堂教学的密度和容量。也只有这样，才能达到既不增加学生的负担，又能提高教学质量。

5. 数学趣味知识教学的积累

从数学的学习成绩来看，没有一门学科的反差像数学那样悬殊，一方面是，几乎每个学校都有一批数学迷在孜孜不倦地求索；另一方面，也有为数不少的差生视数学为畏途，是一门枯燥乏味的鬼课。数学真是那样令人生厌吗？其实，这是一种对数学世界缺乏了解的认识误区。

数学中处处蕴含着美，数学世界实际上就是一个群芳斗艳的百花园。教师们一起去领略它的千种娇美，万般风情吧？

有趣的数字世界

对称性：$122 = 144212 = 4411122 = 125442112 = 445211132 = 127693112 = 96721$

就如文学中的回文联：如人过大佛寺，寺佛大过人；谁也不知道这样的数有多少？它们就有一种对称和谐之美。

数阵精灵：幻方，所谓幻方，是由 1 到 $n2$ 的连续自然数按一定规律排成 n 行 n 列的方阵，其中每一行，每一列以及对角线上的 n 个数之和全是相等的。由于变幻无穷，使得众多数学家为之绞尽脑汁。

富含诗意的几何

曲线之美，普天公认，画家与美联社学家经多年细心观察发现，物体轮廓由波浪线构成都显得优美，这就是曲线美的美学规律。由此推论：一切曲线中首推人体曲线最美。

难以想象的是，看来严谨到近乎于刻板的数学公式，竟然会与如此优美的几何图形（曲线）相映成辉。

当你漫步在山花烂漫山坡上时，你是否想到，有些花的形状，居然与某一个精确的数学方程式相吻合。

曲线富含哲理：圆——完美无缺，无可非议；螺旋线蜿蜒伸拓，暗示着某种人生的真谛；渐近线欲达而不能，激起人们不懈的追求。

造物主精妙的安排：天体运动着的星球遵循四种形状的轨道，人造卫星，行星，慧星等依据运动速度不同，即每秒 7.9 公里，11.2 公里，16.7 公里三种宇宙速度，分别按圆，椭圆，抛物线，双曲线的轨迹进行运动。

最美最巧妙的比例——黄金分割：把一条线段分为较长与较短两

段，使之符合较短线段比较长线段等于较长线段比整条线段。这个比值为 *0.618*。这 *0.618* 正是最美最巧妙的比例，人们称之为黄金分割。

法国的巴黎圣母院，中国故宫的构图都融入了黄金分割的匠心，著名的维纳斯雕像中的一些长度比值都采用了 *0.618*。舞台上报幕员的最佳位置，最后的晚餐中犹大的位置都处在黄金分割点上，运动员上下身之比接近 *5：8*，看上去就修长而挺拔，可惜的是一般人上身多长了 *2* 寸左右，有些女性就用鞋跟来弥补。

几何构造的美与巧：九曲桥，拱形桥不仅合于力学原则，还有观赏价值；雪花的几何构造其晶体的平面对称极为精巧，并由此内含着深刻的物理性质，蜂房的底部的每个蜡板，钝角都是 *109°28′*，锐角都是 *70°32′*，这样的构造使得同样体积下用料最省。

题海拾贝流连忘返

当人们遨游于无边无际的题海中时，常常会流连忘返，废寝忘食。特别是许多世界名题引人入胜极富诱惑力。如哥德巴赫猜想，费尔马大定理，九点圆，哥斯尼堡七桥问题等。

费尔马大定理：形如 xn + yn = zn 的方程，当 n 大于 *2* 时没有正整数解。费尔马是一位业余数学爱好者，被誉为"业余数学家之王"。他去世后人们在他的一本书中看到这一定理及旁边他写下的"教师已发现了这个断语的美妙证法，可惜这里的空白地方太小，写不下"

1908 年，德国一个科学会拿出 *10* 万马克作为费尔马大定理的解答奖金。加上这个定理连小学生都能读明白，使得上百年来众多数学爱好者前赴后继，后来一位数学家写了一百零八页的解答论文，算是最终解决了这一问题。但至今人们还在寻找着费尔马所说的美妙证法。

数理逻辑妙趣横生

幽默的逻辑也会开人们的玩笑，有一个奇异的循环，困扰着逻辑世界二千多年，这个难题也称为说谎者悖论，它有最简单的形式：

"教师说的这句话是谎话"——这是真话，还是谎话？把它判作真话，则它是谎话，判作谎话呢？则它已申明自己说谎话，因而成了真话，是真话？则又成了谎话。这就是数学世界的喜剧，它富有美妙，多样的情趣。极富有幽默感。

只要你愿意，只要你留意，你就会积累很多数学中的有趣的材料，它们将会随机的融入课堂里，教学中，对吸引学生的注意力能起到意想不到的效果。

6. 数学知识性与趣味性的整合

怎样激发学生的学习兴趣，充分调动他们学习的积极性，主动性，提高课堂教学效率，优化课堂教学呢？

巧妙设问，激发兴趣，诱发探究热情

（1）用生活实际中的教学问题激发学生学习兴趣。

生活中充满着无数的数学问题，因此，教师要善于从学生的生活实际中提出数学问题，使学生感到数学就在他们的身边，从而产生学习的兴趣。特别是新课的引入，要注意创设新颖的问题情景，让学生很快被教师创设的情景所吸引，从而激发他们强烈的求知欲望，例如，教学"圆的认识"，学生联系生活实际举出圆形物体的例子后，教师引导学生思考："车轮为什么一定要用圆形呢？"学生对这个问题很感兴趣，积极思考，为"圆的认识"教学作了较好的铺垫，教学"年月日"，讲授新知识前，教师设问：今天是谁的生日？同学们多长时间过一次生日？学生回答后教师又引导他们的思索："小明的哥哥十二岁，才过了三个生日，猜猜看他的生日在哪天？"趣味性的开头，使学生进入了学习的最佳心理状态。

（2）降低坡度，找出联系，让学生产生愉悦的情感。

根据学生的认知特点，从他们已有的知识和经验入手，顺势导入新课。如教学"百分数应用题"时，先将例题中的百分数改为分数让学生练习，然后根据分数与百分数的互化，将题中的分率变为百分率，从而把分数应用题转化成百分数应用题。这样，教师有意识地降低坡度，很自然地引入新课，消除了学生对"百分数应用题"的陌生感，找到了百分数应用题和分数应用题的联系，从而轻松愉快地投入百分数应用题的学习中去。

启发引导，释疑解难，让学生主动学习

在新知识教学过程中，要使学生长时间的保持浓厚的学习兴趣，教师不仅应注意适时启发、点播、释疑、而且要注意调动学生学习的积极性、主动性、引导他们在探索过程中把感知与思维相结合，变"学会"为"会学"。如教学"圆的认识"，新授时先让学生阅读课本的有关内容，尔后教师提出问题：用什么工具画圆？怎样画圆？启发学生读后讲出画圆的步骤，并找出关键字词："先"、"然后"、"再"、"就"，再让学生动手练习。在认识圆的各部分名称时，教师仅适时引导、点播、而让学生通过读一读、议一议、画一画、量一量等方法，让他们在实践活动中感知，逐步加深对圆的各部分有关概念的理解。由于多种感官参与了知识的形成过程，改变了学生被动学习的局面，因此，课堂变成了师生共同进行创造性劳动的乐园。

重视反馈，精选练习，让学生学以致用

新课的巩固练习，目的是使学生进一步理解和掌握知识，同时也是对教师教学效果的反馈。练习设计应做到份量适度，紧扣知识重点，有一定梯度，形式多样，适合不同层次学生的需要，真正做到因材施教，力求达到全面巩固知识的最佳效果。如教学"质数、合数"时，教师将基本练习题设计成填空题，选择题，判断题，采用抢答比赛的

形式，让中差生也有参与的机会，有效地调动了全班学生学习的积极性。对第二层次的发展题，教师又设计成游戏题形式，让学生给三件代号分别为 1、2、9 的无扣衣服钉上合适的纽扣，纽扣为 a（整数），b（自然数），c（偶数），d（奇数），e（质数），f（合数）。这样设计，巧妙地融知识性、趣味性于一体既加强了新旧知识的联系，又教给了正确区分以上概念的方法，培养了学生运用知识的能力。对第三层次的深化题，教师设计成"机敏题"：看谁能当上最佳"侦探"。告诉学生一隐形战机的位置比 20 小，是个奇数，又是合数，又是 3 的倍数，也是 30 的约数，让学生把隐形战机找出来。整个练习设计把不同层次的学生都深深地吸引住，同学们积极思考，对运用数学知识解决各种问题的兴趣十分浓厚，达到了全面巩固所学知识的目的。

概括全课，留下余地，让学生思索回味

教师的教学过程，应有总有分，有张有弛，既严肃又活泼，学生的大脑皮层始终处于兴奋状态。特别是课尾，教师更应注意通过廖廖数语，由博反约，简要地概括出全课实质，使学生对所学内容印象深刻，使用起来得心应手。

如教学"圆的面积"，小结时教师设计了如下问题："这堂课大家学到了什么？有什么收获？"于是学生七嘴八舌，发言十分热烈，他们对圆面积的认识也进一步提高。又如教学"年、月、日"，新课结束时，教师安排学生听鲁迅、高尔基等名人珍惜时间的名言，学生在学到时间知识的同时，还受到惜时如金事业有成的思想教育。

一堂课的结束，并不意味着教学内容的终止，教师应力求创设新的问题情景，制造悬念，或进一步拓宽学生的思路，把课内学习延伸到课外，或让学生回味无穷，保持旺盛的学习热情。如教学"反比例应用题"，全课结束前，教师设计了这样一个问题引导学生思考："例 4 是反比例知识解答的，你能用正比例知识解答吗？该怎样解答？"这样，不仅拓宽了学生的解题思路，而且课内课外相辅相成，新旧知识巧妙结合，起到了较好互补作用。

7. 运用趣味教学搞活数学课堂

义务教育小学数学课程标准的实施不仅促进了数学基本知识的普及和学生数学素养的培养，而且促进了学生健康人格和身心的全面发展。趣味教学活动是实施素质教育的一种有效形式，也是数学教学改革的一大突破点。趣味教学的优势在于它符合学生好奇、好动、乐于探究的心理特点，有助于培养他们的数学感知力、形成良好的数学应用能力，树立正确的数学价值观。可以说生活处处有数学，要善于思考、积累、创新，教师们应该利用各种活动手段把数学课堂点"趣"成金。

巧妙利用古诗歌谣中的趣味内涵

在低年级课堂上，让学生吟诵耳熟能详的小诗"一去二三里，烟村四五家，楼台六七座，八九十枝花"，既能给学生以简单数的概念，同时又给了孩子以美的想象空间。又如："春池春水满，春时春草生；春人饮春酒，春鸟戏春风。"可以问"这首诗中"春"字比全诗总字数少，既使学生感受到春天的韵味、强化了儿童的记忆，又强化了百分数的应用。让学生从数学的角度分析唐诗《咏柳》："碧玉妆成一树高，万条垂下绿丝绦。不知细叶谁裁出，二月春风似剪刀。"教师可以问：这首诗哪位诗人写的，共有几句，每句都有多少个字，每行有几个字，每列有几个字，共有几行几列？既丰富了学生的文学视野，又强化了小学生的数学行列知识。值得称道的是各种版本的小学数学教材都注意到了歌谣形式的利用，如青岛版小学数学二年级上教材

P*19*，右图。

灵活运用成语中的趣味形式

成语是教师们汉语约定俗成的语言精华，它言简意赅，寓意深刻，但也蕴含着不少数学知识，奇妙、谐趣之处自然很多。如让学生开展猜谜游戏：猜测数字 *2468*（无独有偶）、*40÷6* 的小数无限循环（陆续不断）的成语含义，还可巧妙地利用成语教育学生做人做事不要"*9寸+1寸*"（得寸进尺）、"一、二、五、六、七"（丢三落四），在学习上要千方百计（*10001000＝100100100*）、万无一失（"*0000*"）地做好自己应做的事情。成语中的数学知识，既可以使课堂让学生感受中国人幽默诙谐的语言魅力，又能活化学生思维、引发学习动力，活跃课堂气氛。善于灵活的运用成语中的数学知识，必然能丰富课堂内涵，促进学生数学素养的形成。

开发游戏内含的数学趣味性

数学教学要打破传统单一的"听讲"模式，充分调动学生原有的经验和知识储备，使数学学习成为以学生已有知识和经验为基础主动构建数学新知的过程。在教学实践中教师们可以变通教学方式，通过师生游戏来激发学生学习兴趣，使学生在快乐的心境中接受数学知识。例如，教师可以带学生到室外做他们非常熟悉的"拔河、老鹰捉小鸡"的游戏，让他们边玩边数数："拔河比赛，左边有几个小朋友？右边呢？老鹰捉小鸡时，老师身后第二位同学是谁？第六位同学又是谁？……"使学生在活跃的氛围中认识了 *1－10*。又如师生可以共同玩指鼻子眼的游戏，在培养学生反应敏锐性的同时，也学会了上下左右的方位概念。此时教师可进一步引导学生联系自己的生活经验来主动学习，可以问：你是怎样分辨左右的？谁有好办介绍给大家？然后开展"找朋友"的游戏："现在看看自己周围，你前后左右的好朋友是谁，谁愿意向同学们介绍你的好朋友，介绍到谁，谁就站起来和你的好朋友握握手"。数学游戏肯定能够调动学生的积极性，既让学生学到有用的数学知识，也能增加同学以及师生间的友情。

生活让数学学习变得意趣有加

在为一年级学生教学完时间的认知后，教师可以主动引导学生尝试：如果今年五一放假，你是准备城市旅游还是野外郊游？如果有自己的真实想法，就请你和自己的小朋友一起拟定一个合理的旅游时间表吧。这样课堂上有了学生积极参与，肯定会课堂气氛活跃、热情高涨。又如，在掌握了"按比例分配应用题"的方法后，教师可以问大家：今年春天小明的爸爸准备将家里一块面积是 2600 平方米的白茬地，种上蔬菜，请你也给他帮忙出出主意，种哪些蔬菜，按什么样的比例来分配？并算出各种蔬菜的种植面积。这样的情境设置熟悉而且亲切，又是开放的，解题也是开放的，在激发学生大胆思考和想象的同时，也让学生体会到数学的趣味性。数学知识在生活中的应用与实践，让学生感受到了数学的真实存在，大大提高了他们参与数学学习的积极性。

善于运用故事中的数学趣味

儿童的好奇心较强，故事和形象的图画往往能激发孩子们的求知欲。例如，课堂上在进行比例的基本性质的概念教学时，教师给学生讲了这样一个小故事：在一个大森林里，一只大猴给小猴分桃子。第一次分给 4 只小猴 8 个桃子，小猴很不高兴，觉得少；第二次分给 8 只小猴 16 个桃子，小猴仍旧觉得不够多；第三次大猴又分给 12 只小猴 24 个桃；小猴仍旧觉得不过瘾；最后，大猴分给 16 只小猴 32 个桃子，小猴个个都感觉很高兴，觉得占了便宜。同学们，你们认为是不是每只小猴都占了便宜？为什么？这样学生不但激发了学习兴趣，又使学生在愉快的气氛中学到了知识。教师们还可以引导学生观察有关的图画，通过观察让学生分析其中的情节，编出合理的小故事，当然必须让学生运用到所学的数学知识。《西游记》是小学生非常喜欢的古典名著，借助这一题材，让学生观察图画内容，如右图（青岛版小学二年级数学上 P59），然后编出相应的故事情节，提出数学问题，相信肯定更能调动学生的参与积极性。

数学趣味活动教学应注意的问题

（1）应遵循学生的认知规律，趣味数学知识的设置要有利于学生数学知识的学习及其系统结构的建立；要丰富数学学习的途径和形式的变化，要正确设计数学问题，恰当引导学生的注意力，善于把握学生的思维动向，培养学生良好的学习习惯，把枯燥的学习转化为快乐的知识与技能的形成过程。

（2）要遵循儿童青少年的心理发展现实，促进学生科学知识观和世界观的形成；重点是研究如何把各种趣味活动进行科学地引导、扩展，使之成为学生智能与情感良性发展的有效过程。趣味活动是开启学生数学智慧，引导他们走向数学王国的一把金钥匙，一定要注意调动学生的各种感官协调活动，包括肢体操作、视觉观察、思维活动、情感体验等一同参与，将知识的学习变成主动探索、主动建构的过程。

（3）教师要强化自身的教学基本功、掌握必要的教学机智，要善于变换自己的教学方式以适应学生的数学学习的实际需要；正确发挥自身作用，善于激发并积极引导学生把表面化的单纯兴趣转化成真正的学习动力和学习行为，形成良好的探究学习心理。要正确引导学生不仅要觉得学习数学好玩、有意义，而且要使学生会玩，知道怎样做才能把兴趣变成知识和能力。

8. 合理运用教学手段增加数学趣味

兴趣是最好的老师，是学生主动学习积极探究知识的内在动力。

有经验的老师总是利用教材和教学本身去激发学生的学习兴趣去促使学生达到最佳的学习状态。数学教学过程中教师虽然起主导作用，但学生是学习的主体。因此，只有充分发挥学生的主体作用，学生才能加深对知识的理解和掌握。但是，长时间以来，教师们已经习惯与"老师教，学生学"的教学模式，而数学的抽象性和严密性，又几乎让人感觉到数学就是这样呆板，这就使数学被敬而远之，那么，如何培养学生学习数学的兴趣呢？

让学生体验身边的数学

在课堂教学中，教师从学生感兴趣的事物出发，提出问题，以激发学生探索、求知的兴趣，让学生感受数学与日常生活的密切联系，感受数学的趣味和作用。

如教"图形旋转"时，教师让学生观察教室内的风扇，和教师手里的玩具风车等等，引起学生极大的兴趣。让学生感受数学就在自己的身边，生活中处处有数学，在普通、熟悉的现象中探求数学概念、定理，易使学生产生亲切感，容易较快进入学习角色。激发学生学习数学的兴趣。

许多数学知识原本就比较抽象，缺少语文的具体描述性，也缺少美术那样的直观性，各种概念的叙述既枯燥又乏味为。要想使抽象的数学内容变的具体，就要观察生活的素材，在日常生活中发现数学知识，利用这些现实的身边的数学知识来提高学习兴趣。

积极创设问题情境，让学生全方位参与

这里的问题指学生迫切希望夺得解答的关于数学教学内容的疑问。问题情境则是指在心气未至食物刺激下学生形成认知中突然提出问题或接受教师提问，产生解决问题的强烈愿望。这样的情景不是教师在课堂教学中灵机一动想出来的，而是在备课时就应精心策划的。

比如在讲相似三角形的时候，教师们就可以给学生创设这样的情

境：给你一把20厘米长的尺子，怎样测量远处一棵大树的高度，或者怎样测量当地某一时间太阳的高度。类似这样的问题，学生心理上感觉既然是老师出的题就一定有解决办法，于是学生就会调动起以往所学的知识进行分析判断。当然教师最好允许学生进行小组讨论，因为这些讨论往往容易使思维集中在一点上，更容易靠近或达到目标。教师一定要把握火候，适当地、逐渐地引入相似的原理但不出现概念。在原理的帮助下，学生们便会顺利达到目标。这里还需要注意一点，就是一定要保证让学生们自己体验成功的快乐。所以一定要让学生们自己得出答案。假如学生在教师的引导下始终没有达到这个目标，就要有一定补救措施教师另行创造相似的问题，让学生自己动手动脑，得到满足。虽然后者效果不及前者，但毕竟能够起到一定的弥补作用。有目的地为学生创设活动的空间，让学生全方位地参与教学活动，从而使他们在实践中去发现、认识、理解和掌握所学知识。

重动手操作，让学生体验数学

马芯兰老师曾经说过："儿童的智慧在他的指尖上。"现代教学论也认为：要让学生动手做科学，而不是用耳朵听科学。的确，思维往往是从人的动作开始的，切断了活动与思维的联系，思维就不能得到发展。而动手实践则最易于激发学生的思维和想象。在教学活动中，教师要十分关注学生的直接经验，让学生在一系列的亲身体验中发现新知识、理解新知识和掌握新知识，让学生如同"在游泳中学会游泳"一样，"在做数学中学习数学"，发展思维能力。

例如教学立体图形这一节课时，由于它接近于实际生活。在了解学生已掌握的知识基础上，可以让他们自己总结、交流他们对立体图形的感受、自己动手制作熟悉的立体图形，并根据自己的想像利用丰富图形构造生活实景。这样避免了教师一味地讲解，学生一味地记忆。课堂气氛非常活跃，学生在轻松的学习氛围中掌握了知识。又如在进行轴对称图形和轴对称的教学时，可以组织这样的活动：（1）组织一次对称面具制作比赛。用卡片，纸板，甚至三合板来制作。要学生制作对称图案的面具，并进行比赛，参加的学生一定会在笑声中感到创造的乐趣。

（2）收集有对称图案的昆虫、动物的照片，进行展览。

（3）教师课开始借助一幅学生非常熟悉而又滑稽的大头娃娃的头像，通过"眼睛的不对称，让学生想办法使其变成对称"这样一个过程，使学生在游戏中初步感知"轴对称图形"，这样的过程做到了"寓知识于游戏，化抽象为形象，变空洞为具体"，使学生的学习具有形象性、趣味性。

自主探索，让学生"再创造"数学

关于"再创造"，荷兰著名数学教育家 H. Freudenthal 是这样解释的："将数学作为一种活动来进行解释和分析，建立在这一基础上的教学方法，教师称之为再创造方法。"也就是说，数学知识应由学生本人在数学活动中去发现或创造出来，而不是由教师"灌"给学生。学生学习数学的过程应该是学生自身的探索、发现与创造的过程，而不是被动的接受过程。

因此，当学生对某种感兴趣的事物产生疑问并急于了解其中的奥秘时，教师不能简单地把自己知道的知识直接传授给学生，令他们得到暂时的满足，而应该充分相信学生的认知潜能，鼓励学生自主探索，积极从事观察、实验、猜测、推理、交流等数学活动，去大胆地"再创造"数学。

教师要经常告诉学生："课堂是你的，数学课本是你的，三角板、量角器、圆规等这些学具也是你的，这节课的学习任务也是你的。老师和同学都是你的助手，想学到更深的知识就要靠你自己。"这样，在课堂上，学生始终处于不断发现问题、解决问题的过程中，他们经

过自主探索，"再创造"了数学知识，其成功后的喜悦定然也能激励他们去"再创造"新的数学知识。相信，这些乐于自主探索的孩子，成功会越来越多，认识会越来越深。

9. 数学教学中应用性问题的运用

初中数学新课程标准指出："数和形的概念不是从其他地方来的，而是从现实世界得来的。"数学来源于实践又反过来为实践服务。在科技日新月异的今天，数学广泛的应用性日逾显示出其特有的魅力。因此，教师在教学中要遵循学生的认知规律，将知识性、应用性、趣味性和谐地结合起来，充分调动学生的学习积极性，应从小培养学生的数学应用能力。

从实际问题导入新课，激发学生的求知欲

在概念教学中，教师可结合生活实际揭示概念的提出、发现、抽象的过程，让学生更深刻地认识概念，理解它本身的价值。例如：绝对值概念抽象难以理解，新课导入时，设计在车站两辆出租车载乘客向相反方向行驶同样的路程，收取相同的车费，说明在现实生活中有很多只考虑其距离而不考虑其方向的问题，直观形象地引出绝对值的几何定义，可以让学生更好地理解绝对值的定义，并认识到学习它的必要性。

挖掘教学知识点，展示数学的趣味性和奇异美

在教学中要紧扣教材，多设计或引用与教学内容有关的新颖有趣而富于思考的问题，使课堂教学生动、活泼、富有吸引力。如在讲授圆的有关性质前，提出问题：车轮为什么是圆的？电脑分别模拟安装有三角形轮子、正方形轮子、椭圆型轮子和圆型轮子的汽车行驶的状

态，并分别配各种颠簸沉重的声音及轻快的声音。在生动活泼有趣的氛围中，让学生直观的看到圆形轮子能使汽车平稳地前进，这是"圆"这种形状所特有的性质决定的。然后指出：人们在生活中发现了圆具有一些特殊的性质，然后把特殊性质运用到运输工具上，这样制造了圆型轮子，轮子的形状与生产以及日常生活实际有着紧密的联系，学生可初步体会科学来源于实践又还原于实践生活的道理。

在教学中要结合教材展示教学外在形式与内在结构的和谐美、奇异美，使学生受到美的熏陶，体验到数学学科的价值，激发学习兴趣。

精心编制习题，让学生认识数学的"工具"性

数学是人们参加社会生活，从事生产劳动和学习，研究现代科学技术不可缺少的工具。因此，教师可在遵循教学大纲和教学要求的前提下，根据当地实际，适时地编写与生活、市场经济等有关的内容，融入到教学中。学生可以看到，利用所学数学知识可解决现实生活中的很多问题，进而体会到数学应用的重要性。

在方程的教学中，可对学生介绍储蓄、保险，等知识。在学习不等式内容时，可引导学生解决有关产品的生产与销售，物价的上涨与下选等应用问题。

利用"读一读"，让学生了解数学的产生、发展和应用

在新编的教材中，穿插了一些供学生阅读的短文，即"读一读"栏目。其中的"关于代数的故事"、"有关几何的一些历史"、"关于中国古代的一次方程组"、"中国古代有关三角形的一些研究"等内容，一方面可以帮助学生了解有关数学知识的产生和发展，把握数学与生产生活实际密不可分的关系，另一方面通过了解教师在数学上的重大成就，激发学生的爱国热情。"巧用材料"、"黄金分割"、等内容起着对课本知识引伸拓广、消化应用等重要作用，是训练学生思维，培养数学意识的重要素材。

重视实习作业，开展探究性活动，学以致用

数学并非仅仅是一堆知识，它更是一门活生生的学科，应把学数学作为一种过程。学生只有在解决实际问题的过程中，通过亲身经历概念与过程的相互作用后才能真正理解数学，思维能力进一步发展。例如：让学生设计并剪制均匀美观的轴对称及中心对称图案，适当地用在黑板报、宣传栏上，或运用轴对称及中心对称知识设计建筑物造型、家居饰物，改变自己房间的布局等。

在教学过程中，坚持贯彻理论联系实际的原则，渗透应用意识，促进非智力因素的发展和发挥作用，突出实践性，有利于培养出适应知识经济时代的创新人才。

10. 数学课堂中如何运用趣味教学

数学课是一门抽象性、概括性很强的学科，它既无音乐的优美旋律，也无美术那般多彩的画面，因而大多学生感到单调而枯燥，倘若教师不注意教学方法，一味地口若悬河的讲解，恐怕教学之收效是很小的。笔者任教初中数学这几年，从中悟出一些门道，积累了一些心得，教师发现通过趣味教学能够提高学生的学习兴趣，下面教师从四个方面来谈谈。

益智激趣，实施愉快教学

一节好课良好的开端是成功的一半，因此教师每次上课时都努力做到自己的开场白具有趣味性，吸引学生的注意力，激发他们的学习兴趣。

例如，在上"解直角三角形的应用"一课时，笔者这样做开场白："教师的妙法无穷，不上山可测山高，不过河可测河宽，不接近敌方阵地可测得敌教师之间的距离。"学生被教师的话语深深吸引住，个个待饥若渴，好奇地期待教师的讲解，教师紧接着说："教师的妙法是利用解直角三角形的知识随即将几道解三角形的题目改写为上面所说的测量题，让学生自己解答，尽管题中的数学运算都显得枯燥繁杂，但学生都兴趣盎然，始终保持高涨的良好情绪。

质疑问难，激发兴趣

古人说："学起于思，思源于疑。"又说："学贵知疑，小疑则小进，大疑则大进。"可见"疑"是打开思维大门激发学习兴趣的金钥匙。教学中平铺直叙地讲解，一般会使学生乏味的。如果教师能够根据教学内容设置悬念，引起学生认识上的矛盾冲突，便能激发学生解疑的心理要求。如：在"平方差公式"教学中，教师这样激发兴趣，上课时，教师亲切地说："同学们，今天教师们进行一次比赛，好吗?"听说比赛，大家感到新鲜，很高兴，急忙问教师说："老师，比赛什么?""比赛内容是教师出几道多位数乘多位数的题，教师们一起来做，你们笔算，教师口算，看谁算得又对又快。"学生一听来劲了，兴致勃勃地去做。教师在较短时间内说出结果，学生十分佩服，但也有不相信的学生，还是着急地通过演算来判断教师的正误。这时，学生急切地问："老师，你是怎么这么快就算出结果来的? 有什么绝招么?"于是教师便抓住这一有利时机，导出当堂课所要学习的内容。这堂课成功了，因为那些平时厌学的学生也在皱着眉头思索问题呢?

编写口诀，加浓兴趣

在教学中，教材中的公式、定理和运算法则，学生总是记不牢，往往出现"短斤少两"，张冠李戴的现象。为了解决这一难点，教师将书中的一些公式、定理及运算法则编成口诀，让学生记住口诀，推动了学习进程。下面略举几例：

（1）二次函数解题中；把二次函数 $y = 2x2 + 4x + 12$ 写成配方式。

编成口诀："一提，二配，三结果。"通过这样一个有趣的"三步曲"，使学生在短时间内学会配方。

（2）在完全平方公式的记忆中，只通过一句简易的口诀来加深记忆。口诀是："首平方，尾平方，首尾乘积二倍居中央。"

（3）课文中有理数加法法则，叙述内容较长，学生难记，符号易错，教师编成口诀："同号相加一边倒，异号相加大减小，符号跟着大的跑。"（"大"、"小"指绝对值），通过编写这些短小，有趣、易记的口诀，加强了学生的记忆，灵活运用，行之有效、事半功倍。学生获得成功，教师所期望的效果就会出现在眼前。

讲述故事，感化兴趣

教师课余跟学生讲一些有关于数学知识运用，数学家的故事来拓展学生视野，感化学生学习兴趣。教师讲述祖冲之父子对数学执着追求，世人对祖冲之的敬仰（月球上的一条山脉以祖冲之的名字命名；俄罗斯、莫斯科大学有祖冲之塑像等）的故事。讲述数学家张广厚少年时期没上初中，是因数学差而拖了后腿，他后来通过艰苦卓绝的努力而成为数学家的故事。这个故事对后进生影响特别大。教师还讲数学与物理、化学、美学等学科的关系，编成小故事，来激发学生的学习兴趣。例如，发射人造地球卫星，离不开高深的数学知识。讲五角星是人人熟悉的，为什么那么美？这与数学美相关。这些故事，使学生认识到数学的重大意义，与人类生活的紧密联系；认识到数学的奇妙，极大地感化了学生的内心世界，激发了学生的学习趣味。

11. 趣味数学教学的非语言艺术运用

教学中的非语言因素是指教师在教学中为了达到教学目的而有意

作出的表情、动作和姿势的总和。也有人把非语言因素称为体态语或体势语。教学非语言因素是相对于教学语言的。

教学非语言艺术是教师灵活巧妙地运用非语言进行表情达意，达到教学目标的一种创造性的行为。据心理学家研究发现，非语言因素传达的信息占人的信息交流的 60% 以上。教学是师生信息交流活动，数学教学也是如此。可见，数学教师必须十分重视在教学中学会运用非语言艺术，以优化数学教学过程。

恰当运用非语言因素，激励学生乐学情感

以情感人，充满情感的教学，能使学生乐学不倦。课堂上数学教师的激励行为指教师的语言、面部表情和体态，对学生有激励作用。教师除善于使用激励的语言之外，还要富有激励的情感，通过赞许的点头，期望、称赞的目光、眼神，赞美的手势，会心的微笑，增强情感的感染力，使学生愉快地学习数学。如，教"约数与倍数"的概念之后，设计联想训练。教师讲一句话，学生说出意思相同的另一句话。教师说："24 能被 2 整除。"一个学生说："24 是 2 的倍数。"此时教师用赞许的点头，会心的微笑，作出认知与情感上的反馈"还可以怎么说?"另一个学生抢着发言："还可以说'2 是 24 的约数'"，教师又给学生一个赞许的点头。课堂上师生情感交融，促进形成良好的教风与学风。

恰当运用非语言因素，辅助教学语言表达的效果

非语言因素一般不能单独构成意义表达，教学非语言因素伴随辅助于教学语言，语言艺术在非语言艺术的辅助下，可以收到"言语不多道理深"的教学效果。

数学教学常从学生熟悉的事物，从具体形象入手，再引导学生进行抽象概括，经历从感性到理性的过程。在这一过程中，有机地把表情、动作、姿态与语言表达结合起来，可以增强教学效果。

12. 趣味性情景教学在数学教学中的应用

为适应新课程改革发展的需要，提高数学课堂教学质量，在教学过程采取趣味性情景教学，可以更大限度地调动学生学习的积极性，从而培养学生独立思考，勇于创新的良好习惯。

德国教育家第斯多惠说：教学的真正艺术不在于传授的本领，而在于如何去激励、鼓舞学生。所以，教师除了要尊重、爱护、体贴学生，严于律己、以身作则而赢得学生的尊敬、爱戴与钦佩外，还要以良好、高效的教学方法使学生获得知识的积累。"学无定则、教无定法"更是说明了学法和教法的多样性，在教学过程中有待广大师生共同探索。

现代教育理论认为，学生获得知识和应用知识是一个渐进的认知过程，是学生在教师的引导下，在教师实践的基础上构建，主动获取的。在数学教学过程中创设趣味性情景教学，可达到这一目的。通过趣味性情景教学很好地调动学生学习积极性，激发学习兴趣。那么，如何创设趣味性情景教学呢？

趣味性情景教学的创设与教学内容关联

在教学过程中，创设趣味性情景教学要根据教学内容考虑到情景问题的趣味性，使学生对所学内容产生兴趣，才有可能全身心地参与到学习中，创设趣味性情景教学的重要意义在于激发学生的学习兴趣，但也不能只是为了兴趣而创设情景，情景的创设一定要与教学内容有密切的联系。

趣味性情景教学的创设应让学生寓学于乐中

趣味性情景问题的创设，寓教学于娱乐之中，使学生放弃一切的

压力，由依赖、模仿与被动接受转化为娱乐、游戏、探索，交流的主动学习方式，树立学生良好的学习自信心，减轻学生的课堂压力，大面积提高教育教学质量，使学生对数学产生良好的学习兴趣。

趣味性情景教学的创设多以教材内容为主体

在教师们目前所使用的北师大版数学九年义务教育教材中的"议一议"、"做一做"、"读一读"等都有很丰富的趣味性内容，它们设置的目的都是为了增强数学的趣味性，丰富数学教学活动。如在学习二次函数时章头所设置的情景"节日喷泉"、"篮球入篮框的路线"就是很好的二次函数图象的实例。而且，在现实生活中又是学生见得比较多，容易使学生感兴趣的实物情景。又如：在讲到"圆的定义及性质"时，创设了"车轮为何做成圆形"的情景。可以引导学生如果把车轮做成正三角形时，分析车子能不能启动，如果能启动，在运行的过程中又会出现什么样的情形？在引导学生探究的基础上，进一步说明车轮必须做成圆形的道理。此类情景问题的设置，在教材中是比较多的，教学过程中要注意挖掘、发挥其应有的潜能。

趣味性情景教学的创设应突出为教学目标服务

课堂教学仍然是完成教学目标的主要方式，是教育教学的主战场，课堂教学效果的优劣，直接影响教学目标的实现，为了实现良好的课堂教学环境，教学方法和手段上的趣味性，尤显的更为重要。因此，教师在教学过程中就要讲究一些方法和策略，营造宽松、愉快的学习氛围是教学中应注重的。如在讲授统计与概率时，列举教师们在日常生活中经常遇到的各种抽奖活动，让学生亲自动手制作转盘、根据要求收集数据、亲自从中认识到在这些活动中获胜或获奖的可能性。使学生在游戏中发现规律，感悟数学的趣味性。而且教师在趣味性的课堂教学情景设置中，可充分发挥学生学习的主动性，较好地鼓励学生自主探索，引导学生去发现问题，并且找出解决问题的方法。

总之，数学教学中的趣味性情景创设是多方面的，只要教师们善于收集、不断积累，并且恰到好处地运用在教学中，就能很好地激发学生的学习积极性，寓乐于学、寓学于乐，对教育教学质量的提高是大有帮助的。

13. 提高教学效果的数学趣味运用

所谓情商，是指影响学生学习的意志品质、态度心情、兴趣习惯等非智力因素。必须要明确情商的概念是因为：情商在数学教学中是一个不可忽视的因素。课堂教学过程，是在师生之间进行信息传输和情感交流的过程。在这个过程中，不仅要组织学生的智力活动，完成接受和储存信息的任务，而且要充分调动学生的情商因素，使学生态度积极、心情愉悦、思维活跃，这样就可以高效率的进行课堂教学。

所以在小学数学教学中，为了达到情商因素对智商因素的促进和补偿作用，教师要做很多工作，其中比较重要的一条，就是以情感人，以心育人。更加明确的说，就是要求教师们教师在教学过程中使用多样性的教学手段以及趣味性的教学方式来实现情商对智商的推动。

"知之者不如好知者，好知者不如乐知者"，教师国古代伟大的教育家孔子很早就阐明了"愉快教育"的优越性。"教育要使人愉快，要让一切教育带有乐趣"，现代社会学家斯宾塞又响亮地提出了"愉快教育"理论。现代教学论也公认：课堂教学除知识对流的主线外，还有一条情感对流的主线。教学活动是在知识、情感这两条主线互相作用、互相制约下完成的。情感这条主线在小学教学中尤其重要，因为儿童在愉快的气氛中进行学习，可以消除紧张的情绪，抑制学习中的疲劳，保持旺盛的精力和高度的兴趣，使内心世界变得活泼、开朗，

从而有效地改善他们的感知、记忆、想象、思维和实践能力。

在社会学以及心理学中，人的儿童时期对于个人一生都有重要的影响。在现代社会中，学校教育的甚至超越了家庭教育。教师们知道，儿童及青少年时期是个人由自然人向社会人转化的重要时期，尤其在儿童时期，理性思维、逻辑思维正处于发展阶段。如果一味的在数学教学中使用传统的、刻板的教学方式，不仅无助于学生数学思维的建立，甚至会因其枯燥性而减灭孩子的求知欲。因而注重数学教学中趣味性的提升，即就是愉快教育，在当前是有重要意义的。

充满微笑的课堂

社会学家戈夫曼有一个著名的社会学理论，称之为"拟剧理论"。该理论认为，每个人的日常生活，都和演员有着相似之处：教师们每个人都有舞台上的教师，与后台的教师之分，而其他人，会根据教师们在舞台上的不同表现，来评价教师们甚至依照教师们的行为模式来进行自教师学习。这个理论运用到教师教学上，大致可以表明这样一种理念：教师们每一位教师，在学校、在讲台上都是一位演员，教师们的角色是教育者。教师们在课堂上的表现也为学生所学习。

这个理论告诉教师们，教师们在授课过程中的情绪、态度都会成为影响学生接受信息的重要因素。因而，面带微笑将一个好的情绪表达给学生是达到高质量授课的重要因素。这也是建立和谐、愉快的课堂秩序的重要步骤。

设计具有趣味性的导入课

数学教学不同于其他科目的教学，数学本身是具有高度的逻辑性的，要求高度的理性思维。正是由于这样，使得数学的学习过程又具有了一定得枯燥性。特别是针对年龄较低、理性思维不发达的低年级儿童，在教学过程中要更加注意趣味性的添加。教师要设法将一些枯燥、无味的教学内容，设计成若干有趣、诱人的问题，使学生在解决

这些问题中去品尝学习数学的乐趣，使课堂产生愉快的气氛。如在进行珠算加法训练时，学生就感到枯燥，若用趣味的故事来进行，将有神奇的效果。

充分展现教师的风趣、幽默

恰当的风趣幽默，能活跃课堂气氛，起到组织教学的作用，许多有经验的教师上课时常出现师生开怀大笑而又秩序井然的气氛，这都得益于教学中的风趣与幽默。如在讲"鸡兔同笼"问题："有头45个，足116只，问鸡兔各几何？"时学生心算、笔算后仍面露难色。这时教师下令："全体兔子起立！提起前面两足！"学生开怀大笑。之后，教师说："现在兔子和鸡的足数一样了，上面45个头，下面多少足呢？"学生答："$45 \times 2 = 90$只。""少了多少足？""26只"这时学生欢快地叫起来"有$26 \div 2 = 13$只兔子，32只鸡"。

第三章

学校物理教学的指导

1. 新课改下的物理教学反思

新课程教学改革形势下，要求教师从单纯的知识传递者走向研究者、反思者，也就要求新课改形势下的教师不仅专业学识要较为丰富，而且还善于对教学问题进行研究和反思，争取成为一个学者型教师。是否善于对教学问题进行反思，已成为衡量优秀教师的主要标准之一。新课改下的物理教学反思，不是对物理教学活动一般性的回顾或者是重复，而应该是教师置身于整体的物理教学情境中，从更宽广的社会实践、情感价值观及教育层面激发自我意识的觉醒。对新课改形势下的物理教学反思，我觉得应包括以下几个方面的内容：

反思教学观念

新课改之前，教师的教育观念往往是在被动条件下形成的，没有教师的实践反思，往往只是简单的重复照抄，效果很不理想。所以，教师非常有必要进行新课程理念学习，积极对自身的教学观念进行反思，在深层次上促进教育观念的更新与转变，并用它来指导教学实践。

物理新课程标准不仅对物理知识的教学提出了具体的、符合实际的要求，同时也对学习过程中学生能力和方法的培养、学生情感态度与价值观的形成提出了具体、可操作性强的目标。"培养学生必备的物理素养"是高中物理课程的基本理念之一，所以我们的课堂教学必须更加符合素质教育的要求，必须有利于学生的可持续发展，帮助他们形成正确的物理观。

反思教学方法

班级授课要面向全体学生、要照顾绝大多数同学，课后不仅要对学习成绩好的同学辅导，更重要的是对学习有困难的学生进行辅导。

在平时的教学过程中，教师会有意无意地将太多的精力、时间花在成绩好的学生身上，教学、辅导的重心自然向成绩好的学生倾斜，将学习有困难的学生视为差生，缺乏对他们的鼓励和帮助，好像他们不存在似的，从而造成好的学生越学越好，差的学生越来越差，直接导致整体成绩两级分化。所以，教师要特别关注学习有困难的学生，注意不要让所谓的差生成为被"遗忘的群体"。而现在我们学校正在实行的"自主、互助、学习型"课堂教学模式正是解决这一问题的好方法，所以教学方法的更新是搞好教育教学的重要手段。

培养学生的参与意识，让他们有充足的动手、动口、动脑的时间，注重学习方法的指导。中学阶段形成物理概念，一种是在大量的物理现象的基础上归纳、总结出来的，即实验型概念；另一种是在已有概念、规律的基础上通过演绎推理得到的，即推理型概念。学生只有积极参与教学活动，给他们以充分的动手、动口、动脑的时间，经历观察、分析、推理、综合等过程，才能完整理解物理概念的内涵及其外延，全面地掌握规律的实质。与此同时，学生的思维才能得到真正的锻炼，体现出学习的主体角色。所以，在课堂教学中教师应由课堂的"主宰"变为主导。而在教学过程中，要想改变那种以教师为中心的传统教学观念就必须加强学生在教学这一师生双边活动中的主体参与意识，即要培养学生的自主意识和主体意识。

教学手段多样化，恰当运用多媒体辅助教学，如投影仪、录音录像、多媒体课件，特别是制作复杂物理过程的演示动画等视听设备和手段。它除了增强对学生的吸引力，增加课堂的趣味性和视觉上的冲击外，更重要的是可以表现各种物理现象，能在短时间内展示物体的运动和变化的全过程，为学生提供大量而丰富的感性材料，突破传统教学手段在时间、空间上的限制，能将传统教学手段不能表现的许多现象和过程生动地表现出来，取得良好的教学效果。在新课改下，对

教师提出更高的要求，提高教师的科学素养和教学技能，提高教师的计算机水平，特别是一些常用教学软件的学习和使用是十分必要的。

教学方式新颖化。随着"自主、互助、学习"型课堂教学模式的进一步实施，真正把课堂还给学生，让学生成为课堂的主人，教师成为课堂的主导。给学生足够的空间和时间，让学生真正动起来，生教生，生帮生，让学生在一种互助友爱的氛围中健康成长。

反思教学设计

在物理教学过程中，有时会发觉实际教学效果与教师预期的效果有很大差异，课后认真想想，原因在于进行教学设计时忽视了对教学实践的反思，也就难以达到预期的效果。因此，教师应积极反思教学设计与教学实践是否适合，不断思考教学目的、教学工具、教学方法等方面的问题，并积极改进，从而优化教学，有效地促进学生的学习。

例如在高中物理教材中，"冲量"的学习，既抽象又难学，如何将这些抽象的内容转化为学生通俗易懂的知识，这对物理教师提出了很高的要求。这就要求教师在进行教学设计时要做精心准备，精心设计实验，通过实验来突破难点，在具体的教学过程中让学生边动手边动脑，通过学生的交流讨论，将抽象的冲量内容转化为具体的、有形的东西。这样让学生通过自己的实验探究找出答案，既掌握了知识，同时又提高了实验操作能力。事实证明，学生对这种教学模式很感兴趣，而且能将抽象内容转化为直观、形象的东西，比一味灌输的效果要好得多。

反思教学过程

新课程标准提倡"探究式学习"，这种学习模式能提供给学生更多获取知识的渠道和方式，在了解知识的发生和形成的过程中，推动学生自己去关心现实，了解社会，体验人生，并积累一定的感性知识和实践经验，可以使学生获得比较完整的学习经历。

探究式学习模式对教师则提出了更高的要求，教师必须有较高的教学素质和研究能力，有丰富的知识储备和优秀的教学设计方案，能随时调控学生的学习障碍，对学生的研究成果能作出正确的评价。这就要求物理教师必须从多方面充实、完善自我，提高自身的业务素质，灵活、创造性地使用教材和校内外多种多样的课程资源，从而使教学活动处于活跃积极的状态。

反思教学技能

（1）语言优美。

特别是物理教师，其语言更应该是科学的、优美的。语言是意识的外化形式，抑扬顿挫的语调，优美动听的语言，即使学生享受美妙的语言，又对物理教学产生直接的影响。在课堂上，教师声情并茂的描述，言简意赅的讲解，灵活多变的教法，再加上对语言的灵活操作，恰当地运用比喻、借代、比拟、夸张、排比、反问、等修辞手法，既增强了教学效果，又能使学生在心灵上产生愉悦的感受。

（2）板书精致。

一手工整漂亮的好字，让学生感到教师就是美的化身。因此板书要布局合理、提纲挈领、层次清楚、端庄大方。这样学生就会受到激励和鼓舞，学生会爱屋及乌，学好物理。各种教学手段的恰当运用，能激发学生的美感，使之产生共鸣。

（3）规范实验。

教师在上课之前应对教具和实验仪器功能了如指掌、使用轻车熟路、操作规范得当，避免在演示时操作不熟练，或是操作错误。在学生实验之前，教师自己一定要熟悉各种实验的要领、操作规范。

反思教学课后

教学中，我们不仅要注重学生的课堂学习，还要通过课后学生作业获取教学反馈的信息。我们常常会发现教师在课堂上讲解的教学内容和习题，在考试时学生还是做不出，原因是多方面的，其中一个重要原因在于知识的获得不是学生自己学会的，而是老师教会的，所以我们教会学生学习方法比教给学生知识本身更重要。

课后反思不仅使教师能及时了解学生学习情况，更重要的是对教师自身总结、积累教学经验具有极为重要的作用。

总之，物理学是一门很抽象的学科，传统的教学很难激发学生学习的兴趣，学生的物理成绩也普遍较低。为了改变这种现象，在新课改的背景下，我校的物理教师利用课余时间聚在一起，认真学习课改理论，积极探讨物理教学，并进行教学反思，撰写教学心得，然后再应用于具体的物理教学中。

虽然新课程下关于物理教师教学反思的研究，目前还是个新课题。许多的反思问题都还需要我们进一步深入探索。但物理教学反思对物理教师的成长作用是显而易见的，是物理教师实现自我发展的有效途径，也提高物理教学质量的新的尝试，更会促使物理教师成长为新时期的研究型、复合型、学者型教师。

2. 物理教学激发学生兴趣六法

教学内容要新颖别致

丰富、有趣、新颖、别致的教学内容能使学生产生新鲜感，引出好奇心，激起同学们的浓厚兴趣，他们就会愿意学，喜欢钻，自主地动脑探索知识奥妙，愉快地寻求知识归宿，从而焕发起更高的求知欲，这对于物理概念的形成、物理规律的掌握会起到积极的促进作用。讲相对运动，举第一次世界大战时法国飞行员在高空用手抓住一颗德国的子弹的真实故事；讲液体浸润、解释日常生活中人们为什么说"落汤鸡"而不说"落汤鸭"的道理；讲实深与视深，引用了毛主席诗词名句："鱼翔浅底"来例证。这样做，便可使原本比较枯燥抽象的授课内容变得生动有趣、形象逼真，产生很强的感染力，使课堂气氛活跃，知识传递轻松愉快。

教学方法要灵活多变

正确的教学目标确定后，下一步教学方法的恰当与否将起着决定性的作用，教师要根据授课类型、知识内容、学生基础的不同，善于设计相应的最优教学方法，最大限度调动学生积极性，从而发挥学生的创造思维，以达到最佳的教学效果。例如，玻耳原子理论抽象、难懂，在处理这一教材时，就不能一下子正面接触课题，而要采取迂回包剿、分步到位的方法，才可能化难为易，过渡自然；再比如，动量守恒定律，应用广泛，条件严格，使用时得格外小心，如果采取设疑置障、边讲边练边议的方法，引学生下深海入迷宫，参与教学，一定会使学生兴趣盎然，收效较大。

教学语言要形象幽默

讲究语言艺术，不但会增强学生对教学信息的吸收，而且会对难点知识起到缓冲软化的作用。语言形象准确，物理研究对象就会更加形象逼真；语言幽默、有趣，能使同学们欢畅乐学；语言生动、简练，会让人生智开窍。所以教学语言尽量做到生动、形象、幽默、准确、亲切、清晰、简练、有趣。引起了同学们兴趣，还加深了学生的记忆。

操作实验要多作勤练

青年学生朝气蓬勃，爱动性强，好奇心盛，实验对他们有很强的吸引力，在实验过程中，同学们既得动手，又得动脑，不仅要想是什么？还要想为什么，特别是实验设计，更能激发同学们的兴趣，为此学生的创造性思维便会得到迅速全面的发展。对于物理教师来讲，除学生实验必须全部做以外，还应想方设法自制教具，改造实验，把演

示实验尽可能多地变成学生实验，让学生动手的机会多一些，使其手之所演、目之所视、耳之所听、鼻之所嗅、心之所想融为一体。这样做，一可加深理解，二可增强记忆，三可提高兴趣。

反馈讲评要及时准确

反馈是教学过程的重要环节，它对于激发学习兴趣，大面积提高教学质量起着重要的作用，课堂提问、板演抢答、实验操作、章节小测、作业批改、评教评学等即时反馈和延时反馈相间进行，互补长短。

即时反馈贵在迅速及时，趁热打铁，把同学已激起的思维高潮推向更高一层、更深一步，极大地增强学生的学习积极性；延时反馈，好在反复实践，功多底深，反馈信息准确性高，时效性长，为改进信息再次输入的内容方式提供实践依据，更能结合学情，有的放矢，但两者反馈都必须及时、准确，早接收反馈信息，就会早把错误消灭在萌芽之中，少走弯路，少出蛮力，同时使正确的东西早发扬光大。

课外活动要多种多样

随着学生的年龄增长，同学们自我意识浓厚，已经不满足那种"上课由着教师灌，自习围着习题转"的旧教学模式，最乐意按照自己的意图思维，来行事，来解决一些实际问题。我们应该满足中学生这种心理要求，组织摄影组、板报组、航模组、无线电小组、家电维修小组、小制作小组等，第一课堂打基础，第二课堂展才华，让他们在实践中受锻炼、长才干，同时定期举行小型竞赛，物理学笔赛、基本概念抢答赛、物理规律猜谜赛、设计新型实验赛，让物理爱好者充分发挥特长，取得成功，以成功激情趣。

3. 物理教学中如何实施有效性教学

新课程背景下的课堂教学有效性不仅仅要让学生学到有利于自己发展的知识、技能，获得影响今后发展的价值观念和学习方法，而且要注意让教师在课堂里拥有创设的主动权，能充分根据自己的个性、学生与社会发展的需求来发展自己的教学个性。物理作为一门基础自然科学，与社会、生活联系紧密，具有科学性、实用性、趣味性等特点，教师应根据这些特点在物理教学中落实有效性教学的总目标，充分利用物理知识的教育价值和文化价值，积极探索有效性教学的途径，以促进学生素质的全面提高和智慧潜能的充分开发。

改变传统观念，端正教学思想是实施有效性教学的前提

发展就其主体而言，有学生发展和教师发展。有效性教学要重视学生的发展。由于初中学生的年龄特点，加上物理学科的特点，学生学习中出现心理障碍是很正常的。正确疏导学生心理，正确对待学习中的挫折，变消极因素为积极因素，将直接有利于学生认识自己的主体性。要承认学生的客观差异，根据不同学生的学习水平做出不同的目标要求。一要保障优秀学生的正常发展，要尽可能满足他们的求知愿望，使他们的潜能力得到充分开发。二要提高中等学生的现有水平，让他们"吃好"，赶超优等生。三要加大转变后进生的力度，对后进生不能歧视，他们中的绝大多数是由于受非智力因素的影响，造成学习成绩的暂时落后。

以德育渗透为切入点，充分利用教材中的德育素材，陶冶学生思想情操

教材中的德育素材是很多的，教师应充分利用这些素材，再结合物理学的发展史上科学家献身科学事业伟大精神和物理科学对人类社会发展的巨大推动作用，挖掘德育素材的内涵，一定能使学生受到追求科学、追求真理和爱国主义的熏陶。抓住德育教学契机，加速科学态度的形成。加强辩证唯物主义和爱国主义教育，激发学生追求真理的精神。只有思想上有了动力，才能更好的落实有效性的教学。

通过开展物理课外活动，落实有效性教学

有效性教学要体现学生的主体性，只有让学生主动发展，才能培养他们的创造性，才能形成各种能力、这些能力是以思维能力为核心的各种能力的训练和培养组织形式多样的物理活动，培养学生的各种能力，让学生主动发展。

物理课外活动是课堂的必要补充和辅佐，也是课堂教学的延伸，课堂教学是课外活动的依据和指导，物理课堂知识与物理课外活动行为是相互依赖的是科学教育、技术教学、社会应用的有机结合，物理课外活动内容丰富，形式多样，是能力培养的一个良好途径。能使学生科学素质得到全面培养和提高，也能充分发挥学生的智力潜能，是整个教学环节不可缺少的一环。

要根据课堂教学的内容指导学生阅读一些与知识点相关的文章。根据学过的知识，利用废旧材料进行小制作、小实验，形式上利用学生制作、班级评比、师生现场表演、校级展览等，通过理论联系实际，培养学生的动手能力各实验操作能力。例如：小孔成像、太阳灶、望远镜、铅笔芯变阻器、潜水艇模拟实验器等等。

以实验为切入点充分发挥实验的教育功能

物理实验是学习和研究物理的基本方法。在实验教学中一定要体

现科学探究，即在教师的引导下，学生主动地通过实验探索研究问题，获得知识，大大地调动了学生学习的主动性和积极性，培养了学生主动探索的品质。实验考核是发现和检验学生实验能力、创造能力的有效形式，也是督促学生做好实验、提高动手能力的有效手段之一。

利用多媒体辅助物理教学，提高课堂效益

多媒体教学、图像、声音、动画、视频于一体，其信息资源丰富，教学的趣味性、灵活性、直观性、仿真性和感染力强，课堂容量大，效率高，有着传统教学无法比拟的优势。

将课本上一些插图制成动画片，如"滑轮"一节，利用 FLASH 动画，展示胖子能通过定滑轮提起重物，而瘦子却被重物拉起的生动画面，激起学生浓厚的兴趣，引导学生追根寻源，探究新知。

通过录像和幻灯片等多媒体形式，在教学中适当穿插介绍科学发展历程，科学家生平事迹，介绍祖国科技发展成果，对学生进行德育渗透，增强学生的爱国情感，培养学生的科学态度，也是增强教学效果的重要手段之一。

增强应用物理知识解决实际问题的能力

让学生从解释身边的物理现象，处理身边物理问题做起，引导学生用所学知识去观察生活，解释生活中物理现象，处理一些生活实际中的问题，尽可能地让学生了解物理对现代社会的影响，了解物理在现代科学技术，生活中占有的重要地位。增强他们应用物理知识，了解自然，了解社会，促进社会发展的自觉性，提高学生理论联系实际，勤于动手，应用物理知识解决实际问题的能力。

实施有效性是一个艰巨而复杂的系统工程，不是单靠一门学科在短时间内可以获得显著收效的，但只要我们每位教师都转变教育观念，结合自己本学科的特点，多挖掘，勤思考，就会取得相当成绩。

4. 物理教学中培养学生创造性思维

创造性思维是以各种智力因素和非智力因素为基础，运用已有的知识进行想象、推理、分析、综合等思维加工活动，来获得自己尚未知道的新知识的这种思维方式。创造性思维除具有思维的广阔性、灵活性、敏捷性之外，其最为显著的特点是具有求异性、变通性和独创性。创造性思维是未来的高科技信息社会中，能适应世界新技术革命需要，具有开拓、创新意识的开创性人才所必有的思维品质。因此在目前以及今后的教学中如何培养学生创造性思维能力，发展学生创新精神，是一个非常值得探讨的问题。本文试从教与学两方面探讨一下培养学生创造性思维的基本途径与方法。

恰当选取培养学生创造性思维的教学方法

形式和方法都是为目的服务的。不同的教学形式和方法会产生不同的教学效果。因此，在物理教学中培养学生创造性思维能力，选取恰当的教学方法是至关重要的。

中学物理教学内容的核心是基本概念和规律所构成的物理基础知识。这些知识大都是从观察生活与生产实例、自然现象、物理实验等总结概括出来的，即所谓的本源性知识。这类知识内容的教学，运用发现法、启研法、学导法、实验探索法等较为适宜。因此在教学中应该根据教学实际，恰当选取运用这些有利于培养学生创造性思维的方法进行教学。

精心构思、设计创造性思维的教学方案

堂课的教学效果如何，教学质量高低，首先取决于教者课前教学设计质量的优劣。物理教材、教学大纲、教学参考书，为教学只提供了基本内容、基本要求和依据，但如何运用最优化的教学方式，最合理的教学结构进行教学才能达到使学生在获取知识、形成技能的同时，又能开发他们的智力、培养创造性思维及各种能力的目的？我们的体会是：必须依靠教者课前的创造性劳动：备课、课堂教学设计。因此教者必须深入研究教材，结合各种教法的特点，创造性地组织教材，精心地科学地设计教案的整体结构，认真推敲每一教学细节，确定组织形式和具体处理方法，使静态教材内容变为具有探究价值的研究问题，诱发学生探索。使学生在老师的启发引导下，在研究探索的过程中，获取、发现新的知识，提高思维的深刻性、灵活性、创造性。

例如，在"大气压的测定"这节课的教学中，如果教者按教材的编写依葫芦画瓢，直接运用托里拆利实验获得结论，虽然能测得大气压值，并能理解测量过程及原理，但这种生硬的灌输式的教学，学生只能知其然，达不到知其所以然的目的，更不可能有效地培养学生的创造性思维能力。如果变讲述为下面的探索式教学，则教学效果就会有很大的不同。

（1）将一开口玻璃管插入水银槽中，分析为什么管内外水银面相平（连通器原理）。

（2）把玻璃管中按上一活塞，向上拉动活塞，分析为什么水银柱能上升。

（3）分析当玻璃管足够长，是否当不断向上提拉活塞时，水银柱能不断上升。

（4）在水银柱不随活塞的上升而上升时，你能从中悟出什么？

（5）设想一下，怎样使管内水银面以上部分达到真空状态，从而精确地测得大气压值？这样按此质疑、实验、探索、解疑等不断深化的探索方式进行教学，使学生像科学家一样亲自参与科学探索、发现，这不仅有利于调动学生思维的积极性，激发灵感，使他们产生顿悟，

而且，还可以使他们的创造性思维得到培养。

要想创设出良好的教学结构方案，教者应深入研究大纲、教材，应以大纲、教材为依据，以培养学生创造性思维能力及获取知识为目的。要突出启发性、探索性、灵活性、民主性、独创性等有利于培养学生创造性思维的教学原则。充分发挥教者的聪明才智，精心运筹策划，细心推敲安排，设计出符合学生心理特征、认知规律切实可行的方案来。

创设物理情境，培养学生创造性思维

实践证明，学生创造性思维的产生与发展，动机的形成，知识的获得，智能的提高，都离不开一定的物理情境。所以，精心创设物理情境，是培养学生创造思维的重要途径。

（1）创设问题情境。

教学过程是一个不断发现问题、分析问题、解决问题的动态变化过程。好的问题能诱发学习动机，启迪思维，激发求知欲望。学生的创造性思维往往是由遇到要解决的问题而引发的。因此精心创设问题情境是培养学生创造性思维的必要途径之一。

①要善于质疑问难。"学起于思，思源于疑"。可见无疑则不思，疑为思的动力。教者若能创造性地驾驭教材，设计出具有趣味性、启发性、探索性的疑难问题，就会有效地诱发学生思维探索的主动性和积极性。上课伊始恰当质疑，创设悬念，会使学生产生迫切探究的认知心理，激发求知欲望。例如"轮轴"一节新课导入的教学，教者首先在黑板上画了一口井的抛面图，井里画有一系着绳子的水桶，井上画有一短杠杆，然后提问："利用这个短杠杆能否将井中的水桶提上来，为什么？猜想如何改进才能发挥杠杆应有的作用？"这样图文并茂的物理情境，定会使学生探索的欲望油然而生，促使他们集中精力，开动脑筋，尝试探寻各种可能的解决方法与途径，创造的灵感和顿悟

很可能由此产生。通过想象直觉思维、联想逻辑推理，通过猜想、议论，互相启示，这样，思维将向连续旋转的杠杆逼进，进而"创造出新的机械"轮轴。好的高质量的设疑，不仅在导入新课开始具有如此的突出作用，而在课中、课后均有异曲同工的效果。

②要善于抓住契机，问到"点"上。教者对问题抓得准，问的得当，才能击中问题要害，引发思维。因此在教学过程中，所提问题质量的高低，发问时机把握得如何，往往能反映教者的知识水平，对教材的驾驭能力，对学生的了解程度。要提出具有高质量的问题，且能问到"点"上，这要求教者必须吃透教材，了解学生，所提问题应围绕教学中知识的重点、难点、衔接点、相近知识的易混点、研究问题的关键点、消极定势的易疏忽点等。且所提问题难易要适度，不仅应接近学生最近思考区，而且提问题的方法还应具有良好的艺术性、顺序性及逻辑性，问题要新颖具有较强的启发性和趣味性，才能诱发学生探索思维的积极性。例如，在"惯性"的教学中，若以地球上的人竖直跳起后，落地点与起跳点位置关系为例来研究惯性，学生则会感到索然无味，但若以人站在高速水平行驶的火车车尾边沿处或大海中匀速航行的船尾上，人竖直起跳后的下落情况来研究，其教学效果比前者好得多。

③要善于创设阶梯型和发散型问题。阶梯型问题就是一系列由浅入深，环环紧扣，层层深入的问题。这样的问题启发性、逻辑性强。符合认知规律和学生的认知心理，能诱发学生探索思维的积极性和创造性。如前所述的大气压测定中的系列问题，就是这类的阶梯问题。发散型问题，则是以某一知识点为中心，从不同角度、方位提出更多有价值的问题，使学生能从更多的途径认识事物的本质，使思维的发散性、敏捷性和创造性得以培养。如前"大气压测定"的教学中，实验测得大气压值后，可继续创设如下深入探索的问题情境。

若将托里拆利管倾斜，水银柱的长度、高度是否发生变化？

将管向上提一些（管口不露出水银面）或向槽里插进一些，会产生什么现象？

如果换用粗管来做实验，实验结果又将如何？

设想如果在管的顶部或侧壁打一孔，将会发生什么现象？

通过对这些问题的研究，不仅能从多方位加深对知识的理解，而且能有效地训练学生的思维，增强思维的广阔性和深刻性。这样使学生在探讨问题的过程中产生灵感和顿悟，从而培养创造性思维。

（2）创设实验情境。

①改进实验方法，探寻新的途径，培养创新意识。在物理教学中不论是演示实验，还是学生实验，一般都不局限一种方法。如测圆柱体的周长和直径的实验、测物质密度的实验、测导体电阻的实验等，除书中的实验方法外，都还有七、八种其它方法。在教学中教者如能为学生创设、提供探索其它方法的机会和条件，有意引导学生探索，寻求不同方法，则学生就能充分发胜主观能动性，发现探索出新的途径及方法。在探索、发现的过程中，定能使学生思维的灵活性、发散性及独创性得到培养和提高，定能使学生思路开阔，创新意识增强。

②抓住由实验现象到得出结论的思维过程。训练学生的创造性思维，通过物理实验，观察实验现象，获得实验数据后，通过进行分析。判断、概括、综合和抽象思维、逻辑推理的思维加工活动，使之产生认识上的飞跃，获得结论。这是教学中培养学生创造性思维的重要途径，但若把握不当，也不能达到目的。例如，牛顿第一定律的教学，关键在于实验后，通过对实验现象的分析、比较，进一步的假设推理的创造性思维过程，才能实现认识上的重大飞跃，获得用实验方法无法直接验证的重要规律。但这一关键环节，往往有些教师不能很好把握，为急于得出结论，用教者的讲述取代了学生的思维，使一个难得

的培养学生创造性思维的良机丧失掉。同样，在胡克定律的教学中，对实验数据的分析处理过程，也是一次培养学生创造性思维的好时机，如若把握不好，也不能达到培养学生创造性思维的目的。因此在教学中要善于抓住这些关键之处，以突出对学生创造性思维能力的培养。

③让学生亲自设计实验。这是培养学生创造性思维的好途径，让学生根据问题要求自行设计实验，不但可以充分发挥学生的主体作用与聪明才智，尝试科学实验探索的方法，增强科学研究的创造意识；而且，学生学过的知识可以在实验设计中得到综合应用，实现理论联系实际和提高创造性思维的目的。例如，学习密度的测量后，让学生设计测某种粮食作物密度的实验（如高粱、谷子、水稻、小麦、玉米、大豆等），写出选择的仪器、实验步骤及怎样减小实验误差。学习继电器后，让学生设计恒温控制器、报警器等，教学效果很好。

（3）创设议论情境。

教学中适当组织学生讨论。学生通过讨论，彼此交流、启发，会使研究的问题更深入，重点更突出，容易突破难点、疑点，使易混点得到澄清，易疏忽点得到强化，使获得的知识更扎实。通过议论亦可充分暴露学生对知识理解认识上的偏差，教者在传授上的不足，能有效的获得反馈信息，从而，进行有针对性的补救。创设议论情境，学生能各抒己见，集思广益，扩大信息交流；可彼此启发，拓宽思路，引发灵感，有时往往在议论中会得到意想不到的新发现。通过议论锻炼学生思维的逻辑性与敏捷性，也能锻炼学生的语言表达能力及应变能力。

加强习题的变式训练，培养创造思维

解题教学及习题训练是物理教学中必不可少的重要环节。通过解题的训练，尤其是一题多变、一题多解、一题多练及多题归一等变式训练，更有助于加深对知识的巩固与深化，提高解题技巧及分析问题、

解决问题的能力，增强思维的灵活性、变通性和创新性。

一题多解，培养学生求异创新的发散性思维。通过一题多解的训练，学生可以从多角度、多途径寻求解决问题的方法，开拓解题思路。使不同的知识得以综合运用，并能从多种解法的对比中优选最佳解法，总结解题规律，使分析问题的能力提高，使思维的发散性和创造性增强。

一题多变，培养学生思维的应变性。把习题通过条件变换、因果变换等，使之变为更多的有价值、有新意的新问题，使更多的知识得到应用，从而获得"一题多练"、"一题多得"的效果。使学生的思维能力随问题的不断变换、不断解决而得到不断提高，有效地促进学生思维的敏捷性和应变性，使创造性思维得到培养和发展。

多题归一，培养思维的收敛性。任何一个创造过程，都是发散性思维与收敛性思维的优秀结合。因此，收敛思维是创造性思维的重要组成部分之一。诚然，加强对学生收敛性思维能力的培养也是非常必要的，而多题归一的训练，则是培养收敛性思维能力的重要途径之一。很多物理习题，虽然题型各异，研究对象不同，但问题实质相同，如能对这些"型异质同"或"型近质同"的问题，归类分析，抓住共同本质特征，掌握解答此类问题的规律，就能弄通一题，旁通一批，达到举一反三的教学效果，从而摆脱"题海"的束缚。

5. 努力培养学生的物理自学能力

由应试教育向素质教育转轨是当前基础教育改革的重大步骤，在素质教育中，对学生的自学能力的培养尤为重要。古人云："授之以鱼，不如授之以渔。"这正说明了传授自学方法的重要。因此，在物理教学中，应努力培养学生的自学能力，使学生能独立感知和理解物理教材及有关课外书籍，从中获取知识和方法，并能应用这些知识和方法处理实际问题。下面谈谈我们在这一方面的一些做法和体会。

创造学生自学欲望的时机性

自学需要欲望，欲望始于需要。孔子曰："不愤不启，不悱不发"。说明启发学生自学时应把握其时机性。在学生自学之前，教师应充分发挥其主导作用，认真钻研教材和学生实际情况，从不同角度精心设问，创设各种问题情境，造成学生解答问题的知识与方法的危机，激发学生的自学欲望，从而使学生主动自学物理教材和有关书籍中的相关知识内容和解答方法。

设计问题的方法较多，常见的是：将教学内容按层次和逻辑关系分解，设计层次性问题，为学生自学过程提供"路标"，引导自学。例如：在学习"简谐振动"时，可设计下列层次性问题，作为"路标"，激发学生兴趣，引导自学。

（1）平抛运动与悬挂的重物在空间的自由摆动：

①二者运动情况有何不同？

②二者受力情况和加速度各有什么不同？

（2）弹簧振子与质点有哪些相同之处？弹簧振子与实际弹簧又有何不同？

（3）对于弹簧振子：

①为什么振动？

②这种运动有什么特点？

③水平放置的弹簧振子自由振动，其位移增加时，速度、加速度、弹力、动能、势能各将如何变化？反之位移减小时情况又如何？

（4）回复力与向心力的相同点和不同点各有哪些？

（5）什么叫简谐振动？它所受合外力和加速度的表达式形式各是

怎样？

（6）证明竖直放置的弹簧振子的振动是简谐振动。

突出重点置疑，引导学生重点性与针对性自学

古人云："为学患无效，疑则有进"。说明"疑"是深入学习的"原动力"，无"疑"则无"学的深与透"。学生的学习深化过程是一个解惑排难的过程。当学生有惑待解，有难需排时，教师最好不要越俎代庖，急于解答学生的问题，而是要不失时机地启发学生针对性自学，让学生自己解惑排难。例如：高一学生在学习"向心力"时，往往误认为向心力是物体所受的单独的某个力，他们在分析做圆周运动物体的受力时，除分析实际几个受力外，另外又加上了一个向心力。对于这类情况，教师应针对性突出这一重点进行置疑，引导学生自学。我们的做法是：由学生针对性自学"向心力"一节的有关内容，回答：

（1）向心力是根据什么命名的？

（2）无具体条件，仅知物体做圆周运动，能否指出向心力的施力物体？

（3）向心力是合力还是某个具体的力？通过这些重点置疑，启发学生针对性自学，从而使学生自觉澄清对向心力的模糊认识。

这种通过学生针对性自学，自己解惑排难，既可让学生享受到克服困难后获得成功的喜悦，提高自学兴趣，又可增强自学信心，还可使学生学会把握自学的重点和难点，真可谓是收到了"一石三鸟"的自学效果。

当然，针对性自学不一定要在学生有难之后进行，对于教材中的难点所在，教师也可事先预作准备，重点置疑，使学生针对性自学，从而突破难点。

对比综合性置疑促使学生理解性自学

理解性自学，即指学生在自学中通过知识的前后联系，纵横对比，将知识系统化，条理化，了解知识的整体概况，把握概念的内涵和外延，明确规律和公式的成立条件与适用范围，并能灵活应用规律解答实际问题。

为了帮助学生理解基本概念和规律，在教学时可指导学生横向对比阅读自学。如在学习"动能定理"时，首先让学生重温"动量定理"，回顾：

（1）动量定理的推导过程；

（2）动量定理的内容与关键字；

（3）动量定理的表达式及表达式中各字母的含义，各物理量单位是什么？

（4）如何应用动量定理解答有关实际问题？然后让学生对照动量定理的学习"路标"，自学动能定理，并填好二者对比表（表略）。从而使学生通过这两个定理在推导过程中的共同点与不同点；内容表述上的相似性与不同处；表达式的相似性与不同处；各自适用条件和范围；二者解题过程中的相近性与不同点等五个方面要点的程序性对比，进而达到理解和灵活应用动能定理的目的。

在教学中也可以遵循知识发展线索，进行由浅入深的纵向联系自学。如：自学"焦耳定律"和"电热功率"时，可先引导学生自学重温"热量"、"电流热效应"、"电功"等有关知识，由浅入深，由定性到定量，由一般到特殊，逐步发展，层层提高，再自学"焦耳定律"、"电热功率"的内容，就犹如水到渠成，顺理成章了。

这种知识的横向对比、纵向沟通，既巩固深化了旧知识，又促进了对新知识的理解从而收到了"一箭双雕"的自学效果。

条理层次性宣扬，引导学生分析概括性自学

物理知识主要包括物理事实、物理概念和物理规律三个部分。对于各部分的知识可按一定的条理层次依次置疑，引导学生分析概括性自学。如：为了使学生能通过自学概括性掌握某一物理量，可从以下六个方面层层递进置疑，指导自学：

（1）该物理量的物理意义；

（2）它的定义；

（3）定义式及其意义；

（4）单位及单位换算；

（5）它是标量还是矢量？若是矢量，其方向如何？

（6）该物理量的测量原理、器材、方法步骤及误差分析（实例略）。（说明：在不同阶段对某要领要求掌握程度不同。）

又如为了使学生通过自学掌握某一物理规律，可从以下五个方面层层递进置疑，指导自学：

（1）将规律的内容分解成条件（或适用范围）与结论两部分；

（2）该规律的大致推导过程（某些基本定律是无法进行推导的，这种情况例外）。

（3）该规律的数学表达式及其变形式；

（4）应用该规律分析解答实际问题的一般步骤及注意事项；

（5）与该规律之间具有相似性、相关性、相反性的规律的分析比较，从而概括它们的共性与个性，找出各规律之间的易混点、易错点，便于学生重点区别掌握，等等。

鼓励探索，激发学生批判性与创造性自学

理解和掌握知识的目的在于应用和创造，在指导学生自学时，还要让学生带着能发现新答案、提出新观点、探讨新方法的目的去从事自学，即进行批判性与创造性自学，要鼓励学生不要盲目迷信书本，

要大胆设想，敢于探索，勇于创新。

由于高中学生的实际情况，他们很难创造性地提出全新的物理概念和规律，这里的批判性与创造性自学，主要是指学生自学后，对于某一问题，不局限于某一书本上的某种观点和方法的解答，而是要能够从不同观点和新巧的思维方式解答同一物理问题。或者是对某一问题变换延伸，探索出相似性、相关性、相反性的新的物理问题，即重视"一题多解、一题多变"的自学训练。有关实例较多，这里略去。

先易后难，循序渐进性压疑，确保学生自学欲望的持久性

常言道："为学之道，贵在于恒。"物理知识与技能的自学亦不例外。学生自学时，往往是开始热情高，干劲足，但随着时间的流逝，伴随挫折与失败的降临，这种热情就会逐渐消失，难于持久，造成这种现象的原因很多，其中盲目追求深、难问题的自学，而又屡屡失败是造成学生自学欲望难于持久的重要原因之一。如何克服这一现象呢？根据认识论的基本规律，依照循序渐进的原则，可将高难综合题分解成若干个简易"子问题"，首先弄懂"子问题"，然后由几个"子问题"组成小综合题，最后再组合成大综合题（实例略）。这种将综合性问题进行分解置疑的方法指导学生自学，能够使学生对这些综合题的来龙去脉、解答方法掌握得一清二楚，降低了综合性问题的难度，极大地提高了自学效率，增强了自学信心，收到了很好的自学效果。

总之，在素质教育的浪潮中，学生自学能力的培养显得十分重要，如何在物理教学中培养学生的自学能力是值得广大物理教研人员及教师探讨的课题，由于我们能力有限，文中难免有错误之处，恳请物理学界同仁批评指正，共同探索培养学生自学能力的最佳途径，为祖国建设培养更多的高素质合格人才。

6. 学生自主实验能力的培养

当前，在物理教学改革中，许多教师竭力从实验教学入手，尽管增加了学生实验数量，但效果不见得好，因为学生自主实验的能力还是不如人意。例如，在实验会考前、高考前或是期末考前的实验复习，常见到有些学生早把以前做过的实验淡忘了，甚至连实验装置也装不起来了。你要求学生再独立重做一遍课内实验则难以胜任，原因何在？

在以往的实验中，因为有现成的实验手册，教师做示范或讲解步骤，学生"有章可循"、"照方抓药"，即使不预习也照样可以完成实验操作，这种由教师安排的，学生虽然动了手，却没有或很少动脑的实验是被动的实验，因此学生实验后收获不大。那么，如何使学生充分发挥其主观能动性，体现其主体的作用呢？

有效的方法是自主实验，这也是当前实验教学改革，实施素质教育，"注意创新精神和实践能力的培养"的前沿领域的一个崭新的重要研究课题。自主实验是要求学生理论联系实际，既读书又做实验，既做实验又写实验报告，手脑并用的一种学习方法。

学生自主实验的具体要求

自主实验能力是学生运用已有的知识和技能自觉独立地去探索新知识和掌握新技术的能力，是自学能力的内容之一。学生自主实验的具体要求是：

（1）明确实验目的和原理，了解仪器性能，掌握实验步骤；

（2）遵守操作规程，懂得观察实验现象和设计表格，认真记录数据；

（3）能对实验结果进行计算和分析，并得出结论；

（4）写好实验报告。本文试谈在这个基本要求的前提下，如何培养学生自主实验能力的一些浅见。

培养学生的自主实验的能力

（1）做好实验安排，放手让学生自主实验。

做好实验安排，既要考虑实验时间，又要考虑实验内容，时间的安排要与理论课配合，要根据学生掌握的知识和具备的能力的实际情况来安排预习及实验，因为课前预习是实施"自主实验"的根本保证。

学生要有预习实验操作的充分时间，特别是对基本仪器使用更要熟悉，但学生预习实验多数见不到仪器，无法动手，一到实验课上还是生疏的，因此教师要一方面通过开放实验室让学生认识仪器，另一方面必须安排学生多次使用练习。如：天平、螺旋测微器、电表等的使用，经过多次实验的重复出现，学生就能逐步熟悉，懂得其奥妙，达到应用自如。实验前的预习要达到明确实验目的、内容、原理、方法以及注意事项等。预习做得好，在实验中获得的体会就较为深刻，最关键最本质的问题也才能领会得更深刻，并且还可能发现新的问题。

自主实验要注意加强师生之间、学生之间的合作，在和谐愉快的气氛中，尽量调动学生进行实验的主动性和创造性。爱因斯坦曾经说过："提出一个问题往往比解决问题更重要，因为解决问题，也许是一个数学上或实验上的技能而已，而提出问题，新的可能性，从新的角度去看旧的问题，都需要有创造想象力，而且标志着科学真正的进步。"故在实验中，教师要发挥主导作用就必须善于引导学生发现问题与提出问题，探索问题与解决问题。例如让学生提出改进实验或设计新的实验，以探索新的问题；要针对学生实验操作的情况及提出的问题，提出补充问题，要求学生回答或者再做某些补充实验操作，要当面对每个学生进行实验讲评以及成绩评定，指出学生掌握知识和实

验操作、实验修养等方面的优缺点等，并提出今后进一步努力的方向。如"测重力加速度 g"的实验，当一些学生测出本地重力加速度偏大时，他们对误差产生的原因的分析，只提出是摆角大于 5° 的原因或是从单摆周期公式 $g = 4\pi^2 l / T^2$ 去找，认为 l、T 测得不准造成的，其实原因不止这些，教师若让学生重做实验，继续寻找测不准的原因，通过摸索就会发现 g 偏大的原因是释放摆球的位置不对。致使摆球不是在同一竖直平面内摆动，而是做类似圆锥摆运动。学生能这样提出问题、自己探索和发现问题，对实验的印象自然就深刻得多，从而有效地增强了他们理解、分析和解决问顾的能力。

自主实验必须提倡讨论问题的风气，实验讨论不仅在师生之间进行，而且应当在学生之间更广泛更热烈的展开。学生是实验的主体，遇到问题要让学生自导，促进自主实验的进行，即要让学习好的、动手能力强的学生当"辅导员"，为那些动手能力差的学生导学，调动其积极性，让其会做实验。若有错误要让他们自我改正，这样他们可以从失败的教训中悟出道理，有正反两方面的经验教训，印象特别深刻，故做实验任何人不要包办，从而使他们从能够动手到独立操作，亲身品尝到实验劳动的乐趣，增强其自尊心和自信心，克服懒惰和依赖思想。这种自主实验的方法使每个学生都能参加实验的全过程，从制定实验方案到自己归纳，找出主要矛盾，都是学生自主进行的。表面上看课堂面貌是"乱"些，但"乱"在议论。研究、归纳物理知识上，"乱"中求"知"，这个"乱"是值得的。学生在实践中逐渐形成细致严谨的学风，学会规范的实验操作方法。这些对他们以后的工作会起到不可低估的作用。

（2）重视利用说明书，让学生自主实验。

实施素质教育，提倡自主学习，说明书具有不可低估的作用。例如，现代家庭的家用电器越来越多或越来越现代化，家用电器都附有使用说明书，不管是谁家，新电器第一次使用前总要先看一下说明书，若能按说明书的使用说明进行操作，就能正确地使用电器，就能给生活带来方便。相反，若使用不当，就会出故障，甚至损坏家用家器。然而使用说明书除了需要一些专业知识外，还需有一定的自学能力。因此，学校教师应重视培养学生使用说明书的能力，让学生利用仪器说明书来做实验，这对实施素质教育，培养自主实验能力是很有必要的，特别是让学生掌握一定的自学方法，将来走出校门后才能更好地为自己、为社会服务。

教学仪器都配有使用说明书，一般的说明书包括介绍仪器的用途、结构、原理。使用方法和注意事项等几个部分。阅读说明书能帮助使用者熟悉具体仪器的型号、原理和结构，加深对主要部件的认识，进而掌握仪器的精度、性能、用途和使用方法，能知道检查仪器的零部件是否完整，基本功能是否正常，也能帮助人们分析排除简单的仪器故障。因此，做实验时，说明书不但老师要看，而且学生也要看。在平时，学生确实看得少，主要是听老师介绍。培养学生在这方面的技能，一般要教学生先看说明书，自学讨论先认识仪器，后动用仪器，先看课本后做实验，这样可以减少仪器被损坏，帮助排除实验中出现的简单的仪器故障，有助于学生独立自主实验的能力的增强。如做"研究平抛运动"的分组实验，我们都把每套实验仪器附上说明书，让学生在实验前先阅读。阅读要针对附图来读，领会其内容，对于内容比较复杂的，可以应用分析与综合的方法，先逐字逐句的阅读，结合附图领会几个简单问题，然后再把各部分内容综合起来，以理解说明书的整体内容。诚然，"利用说明书让学生自主实验"的方法不是所有实验课题都适合，这需要我们继续探索。

培养学生养成自主多做课外实验的习惯

课外实验目前似乎还没有引起人们的普遍重视，实际上，它是对

课内实验的延伸和补充，有利于发挥学生学习物理的积极性和主动性，并能培养学生探索物理奥妙思维能力和创造精神，对激发学生自主实验的兴趣，对他们养成爱观察爱实验的习惯有很大作用。

（1）自做小实验，搞小制作。

小实验所表现的物理知识是最直观，最"原汁原味"的。学生做小实验、搞小制作又可弥补课内实验的不足，如：使用的器材不受限制，他如果回家后自找材料，就地取材，利用皮品，人人能做到，而且对这些材料感到分外亲切；从仪器的设计和制造、实验步骤和方法的确定、实验结果的处理等全等程，都由学生独立完成，这都有利于他们探索和创造能力的培养。

初中物理教材共编 32 个小实验、小制作，高中教材有 26 个小实验，如果难度不是特别大的话，教师不但要布置，而且要督促、检查，要鼓励学生创新。仪器创作要求简单、容易、美观大方、能说明问题。对那些富有创造精神的作品，要及时向学生推荐，让作者为老师、同学表演，并将实验情况写出报告，组织评比，利用学生好胜的心理，引导他们不断推陈出新，向创造型方向发展。例如曾经有学生用可乐塑料瓶做"浮沉子"，实验效果很好，其他学生看后觉得有趣味而纷纷模仿制作，有的还进行了一些改进，使之变成精美的玩具。一旦成为玩具，更容易促进学生"玩"进物理世界，"玩"出物理规律，"玩"出学习方法及趣味。又如教师在讲"液体的表面张力"后，引导学生课外动手做一个实验："把一枚硬币放在水面上，硬币被水的表面层薄膜托住，用手指一按硬币，即下沉，你能说明硬币是被水的表面托住，而不是浮力作用的原因吗？"此实验虽然取材方便，简单易做，但不管怎么说学生动手做了实验，总能或多或少促进他们加深理解和巩固课内所学的物理概念和规律。这是自主实验能力培养的一种方法，也是教学的一种改革。

教材要求的实验固然要力求完成，但学习又不能拘泥于教材的要求，因此要鼓励学生做些教材要求之外的课外实验，使他们为验证已学习的物理原理或自己的新设想、新问题，不断利用课余时间做实验，询问老师，相互讨论。实验及创作的冲动促进他们把更多的精力投入到自己有兴趣的事情上。这样既丰富了学生课余生活，又有助于非智力心理品质的培养，使自主实验得到充分发挥，教学收到事半功倍的效果。如果学生经常感受科学实验"发现"的情感，他们就会受到熏陶，以后会运用物理当作有效手段探索过去的领域走自己的路。

（2）理论联系实际，注意观察周围的物理现象。

学生课外观察是一种相对独立进行的活动，也是自主实验的内容之一。每个物理知识都来源于实际，又抽象于实际，这就需要人们把要学习的这些知识自觉地联系于实际，提高感性认识，促进自主实验能力的提高。因此教师要引导学生善于到周围的物理世界去观察、去实验。如对"惯性"这一概念的理解，可引导学生观察体会坐公共汽车时当车开动，又突然刹车时的感受。如果教师经常布置一些预习性的课前观察和实验以及复习性的课后观察和实验，并且做得恰到好处，学生的观察与实验的习惯就能逐步养成。他们会觉得观察、实验轻松愉快，好似在玩的时候进行。这种效果不一定比配备仪器的实验差，配备的仪器演示的现象一闪而过，又不可能人人都做。学生置身于物理现象之中，见到现象就分析，如：家庭照明用电，可以把晚上电灯较暗的时间与各家各户用电的高峰期联系起来对比，分析它的本质，原因是电路的总电阻的变化，引起电路总电流的变化，使电路中的各部分的电压重新分配，从而使加在每一盏灯的电压发生变化，通过观察现象的对比，分析几个量之间的关系。这种方法使学生观察及实验体会的物理环境变大了，便于理论联系实际，这样掌握的知识才能深刻、牢固，应用知识才能灵活、准确，自主实验能力才能得到培养和

发展。

综上所述，学生具有了自主实验的能力和习惯，发现问题、分析问题和解决问题的能力提高了，动手能力增强了，许多问题可以由学生自己通过自学和实验得到解决，老师则把精力放在重点、难点问题上，引导学生去攻坚。随着自主实验能力的提高，学生在课堂上做实验的速度加快了，使教学进度得以加快，"注意创新精神和实践能力的培养"得以进一步落实。总之，培养学生自主实验的能力，不仅仅是提高教学质量的重要措施之一，更重要的是实施素质教育的问题，是培养人才的问题，是民族创新的问题，理所当然应该引起我们的重视！

7. 多媒体技术在物理教学中的应用

随着科学技术的发展，传统的教学媒体如黑板、教科书承载信息的种类和能力都十分有限，远远满足不了现代教学的需要。随着电子技术的发展，出现了大量媒体，如幻灯、投影、录音、录像等，这些媒体承载信息的能力大大提高，已被广泛应用于教学领域，但这些媒体也在一定程度上存在各自的弱点，如幻灯投影不易表现事物的运动，电视录像缺乏灵活的交互功能，不能实现人机对话，更谈不上智能化，多媒体计算机有取众之长的优势，可以将多媒体信息集成于一体，而且有极灵活的交互功能，代表了教学媒体发展的方向。近年来各地都在大力发展多媒体计算机技术，投入大量资金建设硬件，开发软件和教学资源，我们平常所说的多媒体技术指的是计算机辅助教学，对于很多老师来说主要是课件的制作和应用。

在中学众多科目中，在物理课堂上应用计算机辅助教学的效果往

往比其他学科更显著，然而，在实际教学中很多教师能使用计算机制作课件但不等于能上一节效果良好的多媒体辅助教学课。这既是由计算机辅助教学的优越性也由物理学科的特点决定。

首先，就计算机辅助教学来说，计算机辅助教学有很大的优越性，用计算机辅助教学大大增加了课堂的信息量，把知识用音频与视频结合的形式展示在学生的面前，这使课堂教学焕然一新，是传统教学做不到的。然而，尽管计算机辅助教学有很大的优越性，它始终只是教学的辅助手段。就这一点而言，它与投影仪、幻灯机并没有什么区别。课上得好不好，关键在于"思想"，在于教学设计，在于如何将特种元素结合到主体中。

其次，就物理学科特点来说，物理学科属自然科学学科，严谨的理论与注重实验是物理学科的特点，在物理教学中，理论知识的推导与实验的证明是教学的重点。初中物理探讨的是从物理的现象到物理的本质，教学中有大量与生活生产有关的知识，计算机辅助教学提供了展示大量信息的平台，而对于需要通过动手操作，通过实验和推理得到的知识，计算机辅助教学是无法代替也不应代替动手实验的。在物理教学中应用多媒体计算机辅助教学，应该用得恰如其分，只有这样才能结合学科特点充分发挥多媒体辅助教学的优越性。

在物理课堂教学如何使用计算机辅助教学才叫用得恰如其分呢？笔者结合自己及同行在教学中使用计算机辅助教学一些经验和遇到的一些问题来探讨这个问题。

多媒体技术增加了课堂教学的容量，放大了课堂教学的"空间"延长了课堂教学的"时间"，解决了学生参与教学活动量增加与教学时间不够的矛盾。

但同时我们也应看到多媒体教学不能取代学生的思考。

实际应用中如：在物理教学中一定量的板书会花去课堂时间，如

例题的板书可放在课件上，上练习课时使用实物投影可把练习册直接显示出来。然而，这并不等于教师可以把原来写在黑板的内容都放在课件上或实物投影上。在教学中笔者发现如公式的推导或例题的分析，课堂上教师用黑板逐步板书分析的效果比用课件展示要好的多。这是因为教师的板书过程反映了分析的过程，与课件一按就得到结论相比，板书给了学生思考和消化知识的时间。

物理知识因为与生产和生活密切相关，教师可把相关的视频图片放在课件中，学生接受的信息量大大增强，而且学生用眼睛接受信息比用耳朵接受信息的印象会更深。不过，尽管现存物理学科的资料比其他科目要丰富，教师也应该认识到课件的制作不是简单材料堆砌，课件必须按教学思路进行设计。

由于多媒体辅助教学手段具有物理实验不可代替性和模拟性，它更利于学生对物理现象、物理过程、物理状态的观察和分析，理解和思考。因为它能使"静"变为"动"，"微观"变为"宏观"，"高速"变为"低速"，"无形"变为"有形"，"抽象"变为"直观"，因此，多媒体教学能激发学生学习的兴趣，培养学生捕捉、获取、处理信息的能力，能提高教学效率。

实际应用中如：在分析微观世界时，如讨论分子运动论时，使用课件展示分子的热运动现象。这是教师使用语言难以形象描绘的。使用课件可以在学生的脑海中展现出立体的微观世界。

多媒体教学并不能完全取代物理实验，它应该作为一种辅助手段。物理本身是一门建立在实验基础上的学科，实验是研究物理问题的重要手段和方法。

化学实验技能的培养还必须有物理实验来完成。只有亲自动手实验，亲身参与实践才能形成能力。多媒体技术的辅助作用应是使我们的教学更完美。

实际应用中如：测量实验不适合用课件代替实际操作。笔者曾收集到测量密度和阿基米德浮力实验的 flash 课件，课件做得很精美，天平量筒都做的很漂亮，实验的目的，步骤及整个操作过程及结论都演示出来。问题是：课件只是实验的模拟，不能说明实际问题。类似这样的课件不适宜用于新课教学，不适宜代替实验课。使用课件要用得恰当，类似这种课件适用于知识的再现。例如：上测量物体密度的实验课时，教师可把实验的目的、器材、步骤用课件展示出来，待学生操作完毕后再把整个操作过程及结论用课件演示出来。这样做可减少板书的时间，让学生更好地做实验，同时整个操作过程及结论用课件演示出来可以加深学生的印象。除此以外，类似这种的课件也适用于复习课，复习课没必要重做实验，使用这类课件可以快速地帮助学生重温学过了的知识，此时这样的课件就发挥了多媒体辅助教学增加了课堂的信息量的特点。

多媒体教学应该是现代教学手段与现代教学方法的融合，这种融合不是简单的相加，而是一个质的飞跃。多媒体教学应该从一些现代教学方法如情境教学、启发式教学、尝试教学中吸收教学思想，来完善自身的及展。这需要作为教学过程中处于主导地位的教师应该正确看待多媒体教学，做到恰如其分地应用计算机技术来辅助教学。

8. 初中生学习物理方法的指导

指导物理实验，激发学生学习兴趣

物理学是一门实验科学。新编教材中指出"观察和实验，对培养学生的观察和实验能力，实事求是的科学态度，引起学习兴趣，都存在不可代替的作用。"可见，重视物理实验，掌握科学的观察、实验方法是实验教学的成功所在。

教师在日常课堂教学中，以做好演示实验为前提，增强实验的趣味性，为学生做好实验起到良好示范作用。同时，在实验教学中要注重培养学生认真观察现象，勤于思考问题的习惯。例如：学习大气压时，让学生注意观察并思考，为什么茶壶盖上都有一个小眼，这个小眼起什么作用，此外还要引导学生多细心观察周围的实际生活和生产中及大自然中的物理现象并与课本知识联系。如学习压强、摩擦后，可以有意识地观察日常生活中人们用针在缝被子时，为什么手上套上顶针箍，并把针在头皮上摩擦，这目的又是什么，使学生养成爱观察、勤思考的习惯。

指导学生阅读课文，培养学生自学能力

教材是学习物理的基本依据，获取物理知识的重要途径之一。初中物理课本文字精炼，语句准确，层次分明，结构严谨，内容丰富，图文并茂，集知识性、科学性、趣味性与一体，完全适合于中学生阅读、理解、探索。

教师在开始上物理课时就要指导学生阅读教材，按照新教材编排体系，首先要阅读课前问号和课题，了解问题的提出，明了问题解决的方向；其次阅读小标题、插图和正文，读小标题可以知晓知识框架，插图可以丰富学生的感性认识，补足个别学生孤陋寡闻的现象。新编教材中的插图很多，且许多插图具有漫画特征，形象生动，直观性强，图文并茂，集知识性、趣味性于一体，教师在指导学生读书时，要重视对插图理解，指导学生结合教材上的文字叙述认真分析插图中的每一条线段，每一部分图示表示什么意思，说明了什么问题，表示了什么物理现象和过程。

指导学生解题的正确方法及规范解题

做作业是课堂教学的延续，是学生复习、巩固应用知识的重要环节。教师在指导学生解题过程中，必须指导学生解题的正确方法。

如教师在指导学生解答说理题时，要求学生按三步进行：讲道理、摆事实、得结论。

在电学题目中往往由于电路中接入电流表、电压表而使电路变得较为复杂，但又因为电流表内阻很小，电压表内阻很大。教师应指导学生把电流表看成是闭合开关中一段导线，把电压表看成断开的开关，这必将使电路大为简化，看出一个电路的主干。如下面两例中，同时解物理题时要规范、全面，符合要求。如：画光路图时光线一定有传播方向并画实线，法线、虚像用虚线；问答题叙述要清楚，不能答非所问，词不达意；计算题要写必要的文字说明，写出公式，代入数据要有单位，最后得出结果。

教师在上新课时，除把知识要点和概念讲清楚外，在讲解例题时注意解题的方法和书写格式，对学生的作业严格要求，不能马虎，通过归类讲解、认真分析、规范训练、严格要求，使学生形成正确的解题思路和养成规范解题的习惯。

注重知识的整理和认真订正错误的习惯

复习是巩固知识、加深理解的重要环节。因此，学完一章后我就要让学生对知识进行归纳和总结，将所学知识按物理学本身的内部结构整理成有机联系的较完整的知识体系，弄清章节的前后联系及每一部分知识在教材内容整体中的地位和作用，便于融会贯通。最后教师总结示范出小结，通过写小结不但有助于更加深入、全面地掌握所学知识，还可以提高学生学习能力。

研究学生的心理，使学法指导真正落到实处

在指导学生学习的过程中，必须根据学生的特点，因材施教。

如求解同一道比较复杂的物理应用题，智力水平高的学生往往由于思维敏捷，分析能力强，能较快地从错综复杂的条件中理清思路，抓住主要矛盾，使问题迎刃而解，甚至可以做出几种不同的解题方案，并找出最合理、最简便的解法。而智力水平低的学生则大不相同。这样在教学过程中，要顾"两头"带"中间"，注意对于不同的学生进行分类指导，根据学生的特点，尽量做到一把钥匙开一把锁。

同时在指导过程中，要鼓励学生大胆探索，及时肯定成绩，指出不足，改进、完善学习方法，使传授的方法科学、准确，符合认识论的一般规律。总之，指导学生的学法是一项长期而艰巨的工程，需要教师在长期的教学过程中大胆探索，不断实践，帮助学生从实践中总结出一套真正属于自己的科学的学习方法，提高对物理学科的兴趣，增强学习的效果。

9. 中学物理教学的模式探究

课题提出的实验背景

（1）素质教育的核心是创新能力的培养与提高。

如何在课堂教学中实现教与学的创新，从而达到创新性能力的培养，在新形势下中学物理课堂教学将面临诸多问题。

（2）新的教学观念。

传统的教师观、学生观和教学评价观已无法推进新课程方案的实施与推广，尤其在信息化社会，面对大容量的信息资源，采用传统的教学模式和学习方法已无法实现新的教学目的，将阻碍学生全面素质的提升，同时，信息容量的加大但课时实数的减少，如何优化组合教学载体，将新课程内容加以整合，教师自身不仅需要以研究的态度对待课堂教学，将学习内容和个案总结加以自我优化和归纳，更应当引导学生在课堂学习和总结中，采用类似科学研究的方式，对个案进行分析、归纳、研究，从而在研究中实现创新，在创新中进行研究，引导学生优选学习方法，在教师的引导和学知识的过程中进行自我整合，同等时间内实现信息量的最大获取。

（3）新型学习模式。

以研究性学习为特征的新型学习观已成为全面提升学生素质的主要学习形式，在这种大的背景之下，教师如何引导学生采用类似科学研究的方法在研究过程中实现知识的重新应用和能力的提高，从而在情感和意志品质上获取良好的体验，达到优良个性品质的培养。新型的教学观以及角色意识的更新，教学过程评价的重新认识与定位，研究性活动与课堂教学的关系，传统课程与研究性课程的关系，这给中学物理教学提出了新问题，将引导教师和学生进一步研究。

（4）内容的归纳与整理。

高考模式的改革，强调学科内部的综合，相近学科的综合，这与传统的学科教育思想存在一定的差距，在方法论和学科思想上是整体与部分的差别。新课程理念强调学科思想教育，这给中学物理教学提出了更新的研究课题，因此，对学科内容、方法论和学科思想加以自省归纳进行整合，以研究性的观点对待教与学的关系。

所要解决的主要问题

（1）构筑研究性学习课堂教学实验模式问题；

（2）整合教学客体，解决新课程实施过程中传统教材与研究性课程问题；

（3）教师分类归纳教案、学案，引导学生归纳个案材料，实施创新性研究，进行教学方法和学习方法模式的探索；

（4）构筑新课程实施中的教学模式；

（5）研究新高考模式下与其它学科教学交叉关系，进一步做好 X 模式教学的新探讨；

（6）研究"个案自省－归纳－创新性研究"下高一、高二、高三教学；

（7）研究"个案自省－归纳－创新性研究"下学习策略。

本课题在国内外同一研究领域的现状与趋势分析

（1）国内外同一研究领域的现状与趋势分析。

教育部［2001］6号文"关于印发《普通高中"研究性学习"实施指南＜试行＞》的通知"，各级各类教育科研部门和学校在实践探索和理论论述上都有很深的研究，在实践形式上，从社会调查报告、科技制作到研究性课程的出现，全国尤其是上海卢湾区、江苏泰仓中学在理论探索和实践改革上都走在前沿，并取得了丰富的实践经验和成果。

研究性学习虽作为一种崭新的学习方式，多以注重实践活动，尤其是各种调查报告、讲座、科技制作，注重在实践中知识的应用和情感体验，偏颇了课堂教学的研究，多多少少走回了杜威教育思想的老路。同时新课程方案的实施、新高考模式下注重综合能力的考察，加强学科思想的相互渗透和方法的交叉，给中学物理教学提出了新问题，因此，探究一条适合中学生自身发展特点适合研究性课堂教学模式，进一步提高学生整体素质和教师教学能力，以期达到综合性主体发展的目的，这就是在研究性学习指导下新的学习观、教学观和教学评价观。

（2）本课题与之联系与区别，预计有哪些突破。

在研究性学习大背景下，结合教学主体、客体特点，教育工作者

在教学思维方式上进行全新的发展，它涉及到新课程体系下的教学目标、教学模式、教学方法与教学策略和教学评价。中学物理教学认知发展功能等诸多方面，以及相近学科的整体发展。

预计有实践和理论两大方面的突破

实践方面：充分发挥教材载体新的传输功能，在教师的指导下，双双从自身出发进行归纳研究，达到知识和能力的创新，提高学习与实践的自觉性，达到能力提高的目的，从而摆脱中学物理难教、难学、低效的局面。

理论方面：构建新课程体系和新高考模式下的教学模式、教学策略和教学评价体系，为物理教学开辟新的发展路子。

课题研究的实践意义与理论价值

（1）实践意义。

在研究性学习中开展"个案自省－归纳－创新性研究"，有利于培养学生独立思考的习惯激发学生的创新意识，全面提高学生的科学文化素养，拓宽学生获取与应用信息的能力，为物理教学探索出一条高效发展的新路子。

（2）理论价值。

在研究性学习的指导进行教学改革，能全面构建新形势的教学和学习模式，探索出适应中学生身心发展规律的目标体系。

课题界定与研究依据

（1）课题界定。

在教学过程中将教学客体和师生共性的问题加以归纳分类，凸现特质，依据各自遵循的规律在研究中加以整合，以期达到简化的目的，从而缩短教学和学习过程。同时，学生的学习策略由学习方法和元认知两部分组成，在教师的引导下，以研究性的态度进行自省归纳从而达到创新的目的，以期达到提高学生能力的目的。

（2）研究依据。

用研究性学习的观点和方法调控教师的教学过程和学生的学习过程，利用学生已有的认知基础和学科能力，向最近发展区域进行自主性探究，达到方法和能力提高的目的。评价贯穿于整个过程，注重评价主体的多元化和评价内容的丰富性、灵活性，评价方式的多样性，尤其是评价中的情感体验和激励功能。注重学科能力的发展和创新，尤其是实践能力的提高。

理论假设与研究目标

（1）理论假设。

优化整合教学载体，注重方法获取的过程和学科思想的教育，进行交叉学科思想的交叉，对课堂教学模式和教学方法进行理论和实践的探索和创新，用研究性学习的方法优化教学过程和学生的学习过程。

（2）研究目标。

构建适合提高课堂教学效益和相近学科综合的课型教学模式，培养良好的教与学的能力，实现学生自主探究的学习模式。

（3）分工与合作。

合作的意识和能力，培养科学态度和良好的个性品质。

研究方法设计

（1）理论研究方法。

系统学习"研究性学习"、"创新性教育"、"合作教学"等基本理论，对教育实践活动加以抽象，把握事物的本质、内部的联系和遵循的规律，从而加以形成、修正、丰富和完善教育理论。

（2）资料法。

系统学习认知心理学和物理教育心理学，物理教学论中关于学习策略、认知策略和元认知方面的理论，收集、鉴别、整理文献，并通过对文献的研究形成对事实的科学认识的方法。

（3）经验总结法。

依据教育实践所提供的事实，按照科学研究的程序，分析概括教育现象，从而揭示内在的联系和规律，把感性认识转化为理性认识。

（4）问卷调查法。

实验过程中采用无记名的方式问卷调查，进行个案研究，对收集到的信息进行分析、综合、比较、归纳，从而为人们提供规律性的东西。

（5）案例研究法。

针对研究的个体进行全面、系统、深入具体的追踪调查研究，把握不同阶段的特点形成动态发展的规律。

10. 中学物理研究性学习方法的实施

物理学有四大特点：第一，物理学是一门以实验为基础的科学。物理学的发展充分表明，实验不仅仅是一种研究物理问题的科学方法或手段，更重要的是，当把实验升华成一种观念，作为一种科学的思想，它就为人们从更深层次上把握物理思维的方式，揭示客观世界的规律奠定了基础。第二，物理学是一门结构严谨的精密科学。物理学中基本概念和规律的定性表述与精确的定量表述的结合构成了物理学区别于其他学科的又一显著特点。第三，物理学是自然科学的基础学科，拥有广泛的应用领域。自然科学的发展充分表明，每当物理学的基础理论研究有重大进展或重大突破，就会极大地推动科学技术的发展，引起重大的技术革命和技术革新。第四，物理学是辩证唯物主义哲学的重要科学基础。物理学所揭示出的许多基本规律、定律和原理，特别是物理学中的一系列重大发现为阐述辩证唯物主义哲学的一般规律和原理提供了重要的科学事实，使辩证唯物主义的基本原理更加丰富并不断向前发展。物理学中丰富的辩证唯物主义观点，一方面为物理学的研究指明了方向，同时也深刻影响着人们进行物理思维的方式。

基于物理学有以上特点，中学物理教学过程也就具备了五大特点。本文结合对中学物理教学过程的特点的认识，谈谈在中学物理教学过程中实施研究性学习方式的做法和体会。

特点之一：以观察和实验为基础

观察和实验作为一种手段，特别是作为一种物理学的基本思想或基本观点，在物理学的形成和发展中起着十分重要的作用。中学物理教学过程作为一种探索物理世界、掌握物理基础知识的特殊认识过程，与人类探究物理知识的过程有许多相似之处。因此，物理学研究中的观察和实验的思想和方法，必然影响和制约着物理教学过程的教学指导思想，这种影响和制约作用具体表现为：要求物理教学必须建立在观察和实验的基础上，使学生理解问题是如何提出的、问题是如何研究的以及问题是如何解决的，从而实现从感性认识到理性认识的飞跃。

在概念的引入时，我们可以通过实验提出问题；在定理、定律的讲解里，我们可以通过实验得出结论；在习题的解决中，我们可以通过实验帮助学生建立物理模型。例如在讲解《电磁感应现象》一节时，摒弃了"教师喋喋不休地讲、学生被动无奈地听"的传统做法，代之以在让学生回忆初中所学相关内容后，提出问题："闭合回路中的一部分导体切割磁感线产生感应电流的本质原因到底是什么？"在学生大胆假设出"是穿过回路的磁通量发生变化"后再提出由同学自行设计实验加以验证，由于磁通量的变化可以是由磁场的变化引起，也可以由闭合回路在磁场中的正对面积发生变化引起，甚至是二者同时变化引起，而其变化的方式又可多种多样。结果同学们设计出了三

十多种方案。在进行交流的基础上，由实验室提供器材让同学们完成实验，检验其实验方案，探索实验结论。这样的处理方法体现了物理学中"大胆假设、细心求证"的研究方法，也使学生体验到探索的乐趣和成功的喜悦。从本节课的效果来看，学生不仅知道了电磁感应现象发生的原因，而且深刻理解了磁通量变化的几种情况；学生们不仅学到了电磁感应知识，而且锻炼了实验设计能力、动手能力和口头表达能力。教师教得轻松，学生学得愉快。

在教学过程中体会到要强化实验教学必须注意实验教学与概念教学、习题教学的有机结合；必须注意演示实验、分组实验、课外实验以及课题研究的有机结合；必须注意验证性实验、探索性实验以及设计性实验的有机结合；必须注意教师对实验方法的提炼与学生创造性思维的有机结合。

特点之二：以形成概念、掌握规律为中心

物理概念和规律是构成物理学严谨学科体系的最基本的组成部分。重视和加强物理概念和规律的教学是学生理解和掌握学科基本结构的核心。它有利于学生通过自身的努力生成全方位的物理图象，有利于激发学生的智慧，发展其记忆力，促进知识的迁移，缩小高级知识和低级知识间的差距，有利于训练和培养学生的思维方法和思维能力。要实现以上目的，就要抛弃传统的直接给出概念和规律的做法，代之以先进的"过程教学法"。即重视在课堂上与学生共同探讨概念和规律的形成过程：为什么要引入？怎样引入？使学生理解知识的来龙去脉，加深对概念和规律的认识。

在《平抛物体的运动》一节课的教学中，笔者首先通过一些具体的事例让学生体会到平抛运动是一种常见的运动，从而使学生产生强烈的探究愿望。接着根据物体做平抛运动时一边下落一边向前运动的特点，引导学生思考平抛运动可以怎样分解？然后学生分组研究设计

实验，研究平抛运动分运动的特征。在此基础上再引导学生运用牛顿第二定律从理论上加以分析平抛运动的两个分运动为何具有如此特征。这样的处理不仅使课堂更加生动，而且学生的参与性和参与热情更高，更重要的是学生对平抛运动的分解的理解更加深刻，对知识的综合运用能力更强。

在概念和规律的教学中，作为教者首先要抛弃应试教育的功利主义思想，着眼于学生的终身发展，让学生在学会知识的同时学会物理研究的思想和方法，正所谓授之以渔也。

特点之三：以数学方法为重要手段

数学所具有的高度概括性特征，为描述具有深刻内涵的物理概念和规律提供了最佳表达形式；数学所具有的简捷而又严密的逻辑思维方式，简化和加速了人们进行物理思维的进程。此外，数学作为计算工具所表现出的严密性、逻辑性和可操作性等特点，在物理理论的建立、发展和应用等方面更显示出其重大的作用。物理概念的形成，物理规律的掌握，离不开数学的方法和数学的思维，学生分析和解决物理问题的能力的培养更离不开数学。

以物理图象问题的教学为例：在高中物理教学中所涉及的图象很多，有运动图象、气体状态变化图象、伏安特性曲线等。在教学过程中如果只是就事论事，就图象讲图象，学生的理解只能很肤浅。相反，如果我们能引导学生从图象横坐标和纵坐标的意义、图线所反映的函数关系、图线斜率的物理意义、图线间交点及图线与坐标轴的交点的物理意义、图线和坐标轴所包围的"面积"的物理意义等方面对物理图象加以整体理解，将极大地提高学生对图象的认识，更有助于学生对图象的灵活运用。

在物理教学中必须重视数学方法的教学。运用数学方法解决物理问题的能力是高考物理科考试说明中所明确的五大能力要求之一，应

该说数学方法的教学在各地、各学校的物理教学中受重视的程度是很高的，但我以为要防止将物理问题纯数学的倾向，撇开物理概念和规律、撇开物理过程来讲数学方法将毫无意义。

特点之四：密切联系实际

在物理教学过程中不断强化联系实际的教学指导思想主要是由物理学科的特点和人的认识规律所共同决定的。无论是从学生学习知识和运用知识的角度来看，还是从培养学生的能力角度来看，都要求在物理教学过程中必须切实加强理论联系实际。从近年来的高考试题来看，联系实际的问题逐年增加，应该说较好地发挥了高考对中学物理教学的"指挥棒"作用。而从近年来高考的情况看，此类问题的得分率偏低，也反映了中学物理教学中所亟待解决的理论脱离实际的教学倾向。

理论联系实际乃还物理以本来面目。从物理概念和规律的引入、规律的得出到知识的巩固、深化、应用都应该注意密切联系生产、生活实际，联系科技的发展。从国外的中学教学来看，无论是教学目标的确定、教材的体系、教学的内容还是考查的试题都比较充分地展现了这一点。加强理论联系实际，一方面可以激发学生学习物理知识的兴趣，使他们充分感觉到物理不仅有趣而且有用，另一方面也有助于学生更深刻地理解和掌握所学的物理知识，使他们能够获得学习、理解、操作和运用物理知识的方法。

特点之五：以辨证唯物主义思想为指导

中学物理教学，作为中等基础教育的一个重要组成部分，其主要职能同样是为社会培养德、智、体、美、劳诸方面全面发展的人。因此，无论是从传授物理知识角度，还是从对学生进行思想教育的角度来看，物理教学过程必须以辩证唯物主义思想为指导，并以此来揭示和阐述物理概念的内涵和外延以及物理规律的物理意义。只有这样，

才能使学生在长期的教学中受到潜移默化的辩证唯物主义世界观和方法论的熏陶。

例如在"原子结构"的教学中通过汤姆生对电子的研究，提出原子的无核模型，到卢瑟福对 α 粒子散射实验的研究，提出原子核式结构，进而玻尔提出三点基本假设……使学生理解人们的认识过程，从实践到认识，再到实践，再到认识，进而加深对辩证唯物主义认识论的理解。在物理学史的教学中还涉及到对历史人物的看待和评价。比如说如何看待亚里士多德？在对力的认识上、在对落体运动的认识上等等有关物理概念或规律的理解，高中物理教材上总是把亚里士多德的观点作为对立面来加以反驳，甚至是加以批判。

因此不少学生对亚里士多德的看法常常有失偏颇，甚至把亚里士多德看成了笑料。这有悖于历史唯物主义的观点。为此教者在讲解相关内容时有必要适当介绍亚里士多德在历史上的贡献和当时历史的局限。至于哲学方法论对物理概念和规律的理解、掌握、运用的指导作用更是毋庸置疑的。

综上所述，中学物理教学必须注重培养学生"自主学习、合作探究"的能力，必须注重知识传授与能力培养的有机结合，必须注重知识内容和过程方法的有机结合，必须注重概念和规律的学习与情感、态度、价值观的养成的有机结合。只有这样，才能真正体现新课程的理念，顺应新课程改革的潮流。

11. 高中物理教学中的素质教育

物理学是一门应用性极强的学科，没有物理学的发展就没有我们今天的现代化生活。在学习物理过程中，让学生了解现代科学技术的成就。掌握一定的物理学知识不仅是作为一个高素质公民的前提条件，也是适应现代社会的必要条件。

在学习物理过程中培养学生的科学态度

物理学的最大特点就是以实验为基础，从实验出发，寻找规律，再用实验去验证结论。所以，它要求学生必须以科学严谨的态度去对待，实事求是，不靠主观臆断去猜测、捏造。

一般来说，在中学阶段所做的实验基本都是定性的研究物理量间的关系的。定性分析也是一种极其重要的科学方法，定性和半定量化的方法的运用，可使我们抓住物理问题的本质，而不是一下子就陷入对细枝末节的探讨。

过度的定量化，容易使学生迷失在各种形式的数学推演和运算之中，而丧失了对丰富而生动的物理本质的认识和理解，过度的定量化，使物理更为抽象难懂，更容易使学生丧失学习物理的兴趣和信心，这些都是与我们物理教学目的的本意背道而驰的。实际上在许多情况下，定性方法比定量方法更为有效，而且定性和半定量化分析方法的应用对于物理思维能力的提高、科学素养的培养具有更为深刻的意义。

一般来讲，定性分析有利于物理问题的解决。很多科学工作者在解决物理问题时总是先理解题意，定性地分析物理过程及其特征，定性地考虑多个不同的求解途径和可能的结果，最后才选择合适的方法、途径去解题。

所以，在演示完定性研究的实验之后，即在得出关系式前，还应和学生说明，得到这个关系式并非就是这个实验，而是设计更严密的实验多次实验最终得到。这样，学生也会逐渐形成一种意识：要做研究，必须严格、一丝不苟，尊重客观事实，来不得半点虚假。

在学习物理过程中培养学生的合作意识

在学习物理的过程中，学生亲自做实验也是很重要的一部分，在此过程中也在锻炼学生的素质，那就是学会人与人之间的合作，当然提高了动手能力也是一个很重要的目的。在学生实验中，一般采用的是合作方式（目前以两人一组居多）。两个学生或者几个学生一起出主意，然后一起参与动手，在这个过程中，学生已经开始学习扮演不同的角色，比如，其中一位同学负责安排任务的分配，其中一位负责检查等等。当然，也应做适当的轮换，让每位学生都体会到各个位置的重要性和不可分割性。将来他们所要踏入的这个社会就是一个需要人与人合作的社会。在合作的过程中同时会使学生养成一种强烈的责任感，这也是作为一个合格的现代化人必须具备的素质之一。

在学习物理过程中培养学生科学思考问题的习惯

在物理课程中，强调的就是认真观察，在观察事物时，不带任何的主观色彩，而是以自然观察的方法以及用实验来观察的方法。我们的物理课程一直坚持对学生进行"物理学是从实践中来，到实践中去"这样的教育。

第一，作为教师应注意不给学生造成这样的错误印象，好像通过课堂上的一两个实验，收集三五组数据就可以得出一个物理规律。而是要让学生认识到，课堂上用于归纳物理规律的实验不过是科学方法的一种演示。这一点，在前面已经提到过。

第二，重视"猜测"在科学发展中的作用。我们一直重视从事实归纳科学规律，而后用演绎的方法利用这些规律去解决问题。这样的做法是正确的，但有两点常被忽略。其一，单纯的演绎不能得到新的认识；其二，单纯的归纳得出的规律只适用于与原型相同的场合，不能成为普遍规律。这两点都告诉我们：创造性思维往往需要猜想。这种猜测也是在一定的知识储备的基础上才可以，而不是胡乱猜测。

在学习物理过程中积累研究问题的方法

在物理课本中所出现的研究问题的方法有很多，比如说：理想模型、等效替代法、类比推理法、理想实验法、控制变量法等等。以类比推理为例。

物理学是自然科学中的一门基础科学，它不仅有一定的知识内容，而且这些内容之间存在着必然的内在联系。将新、旧知识进行类比，给学生以启示，使学生易于掌握新知识，同时也巩固了旧知识。如在学习静电场一节内容中，"电场"概念的建立是极为重要的，但由于这个概念比较抽象，学生一般难以理解。

那么可以用力学中所学重力场与之做类比：地球周围存在着重力场，地球上所有物体都处于重力场中，都受到了地球重力的作用。同样，电荷的周围存在着电场，电场对处于其中的电荷有电场力的作用。再由物体在重力场中具有了与地球位置有关的重力势能，引导学生总结出，检验电荷在电场中也应具有与场源电荷位置有关的电势能。如此类比，相当于在新旧知识间架起了一座桥梁，让学生能够从已掌握的旧知识中顺利地接受和理解新知识。

在学习物理过程中培养学生的爱国热情

让物理学的教育在素质教育中发挥作用，或者发挥更大的作用，也需要教师的努力。教师自身的素质也要相应跟上。要主动引导学生参与教学的主要环节和过程，包括备课、考试出题、教学测评、学习情况调查分析、教学研讨和交流等等，使他们通过转换角度，调整自己的方位，打破教与学的封闭和隔绝，体悟教学的真谛，唤起他们求学上进的精神动力，了解自己的知识水平，扬长补短，多方完善，从而把教师的"示范性"和学生的"实践性"紧密结合在一起。一切为提高学生素质而努力。

如何尽快适应高中物理教学

刚从初中升上高中的学生普遍不能一下子适应过来，都不觉得高一物理难学。如何搞好初中物理教学的衔接，降低高初中的物理学习台阶；如何使学生尽快适应高中物理教学特点，渡过学习物理的难关，就成为我们高一物理教师的首要任务。

注意新旧知识的同化与顺应

同化是把新学习的物理概念和物理规律整合到原有认知结构的模式之中，认知结构得到丰富和扩展。顺应是认知结构的更新或重建，新学习的物理概念和规律已不能为原有认知结构的模式所容纳，需要改变原有模工或另建新模式。

教师在教学过程中，帮助学生以旧知识同化新知识，使学生掌握新知识，顺利达到知识的迁移。高中教师应了解学生在初中已掌握了哪些知识，并认真分析学生已有的知识。把高中教材研究的问题与初中教材研究的问题在文字表述、研究方法、思维特点等方面进行对比，明确新旧知识之间的联系与差异。选择恰当的教学方法，使学生顺利地利用旧知识来同化新知识，就降低了高中物理学习的台阶。

许多事例表明，学生能够比较自觉地同化新知识，但往往不能自觉地采用顺应的认知方式。在需要更新或重建认知结构的物理新知识学习中，应及时顺应新知识更新认知结构。例如：初中物理中描述物体运动状态的物理量有速度（速率）、路程和时间；高中物理描述物体运动状态的物理量有速度、位移、时间、加速度等，其中速度位移和加速度除了有大小还有方向，是矢量。

教师应及时指导学生顺应新知识，辨析速度和速率、位移和路程的区别，指导学生掌握建立坐标系选取正方向，然后再列运动学方程的研究方法。用新的知识和新的方法来调整、替代原有的认知结构。避免人为的"走弯路"加高学习物理的台阶。

加强直观教学

高中物理在研究复杂的物理现象时，为了使问题简单化，经常只考虑其主要因素，而忽略次要因素，建立物理现象的模型，使物理概念抽象化。初中学生进入高中学习，往往感到模型抽象，不可以想象。针对这种情况，应尽量采用直观形象的教学方法，多做一些实验，多举一些实例，使学生能够通过具体的物理现象来建立物理概念，掌握物理概念，设法使他们尝到"成功的喜悦"。

加强解题方法和技巧的指导

具体的物理问题，有时必须掌握一些特殊的解决问题的方法和技巧。例如：解决力学中连接体的问题时，常用到："隔离法"；对于不涉及系统内力，系统内各部分运动状态相同的物理问题，用"整体法"简便。刚从初中升上高中的学生，常常是上课听得懂、课本看得明，但一解题就错，这主要是因为学生对物理知识理解不深，综合运用知识解决问题的能力较弱。针对这种情况，教师应加强解题方法和技巧指导。

高中物理题目类型多，方法灵活，用到初等数学的知识较多。教师在强化概念的同时，应精心准备每一节习题课，为提高习题课的效率，在上习题课前可先将题目布置下去，先让学生做，并让他们争先恐后地想办法解题。每想好一种办法便拿给大家看，实在想不出，就相互讨论。一些有难度的题目上，学生常常争论得面红耳赤，互不相让，到上习题课时，学生们就特别专心，虽然一些题目课前没有做出来，但由于课前他们已经将题目思考多次，所以上课也特别容易理解和听得懂。还要引导学生归纳和总结，把课堂上的知识和方法消化吸收。

另外，对学生作业的批改要认真、仔细，批改作业时，一看学生是否会做；二看学生是否认真做，书写是否规范、作图是否准确。对

普遍存在的问题要集体更正，个别存在的问题个别更正，不合格的作业一定要重做。通过严格规范的批改作业，使学生形成良好的书写习惯和严密的思维过程；通过精心准备的习题讨论、讲解以及运用各种各样的解题方法，使学生在由简单模仿到运用自如、由运用自如再到自我创造的发展过程中，逐步掌握一定的解题方法和技巧，提高解决问题的能力。

提高学生学习物理的兴趣

浓厚的兴趣将是人们刻苦钻研、勇于攻关的强大动力。孔子曰：知之者不如好知者，好之者不如乐之者。爱因斯坦说："兴趣是最好的教师"。杨振宁博士也说过："成功的真正秘决是兴趣"。一旦对学习发生兴趣。就会充分发挥自己的积极性和主动性。学生只有对物理感兴趣，才想学、爱学、才能学好，从而用好物理。因此，如何激发学生学习物理的兴趣，是提高教学质量的关键。

加强和改革实验教学，激发学生学习物理的兴趣

通过趣味新奇的物理实验演示，激发学生的好奇心理，从而激发他们思索的欲望。用实验导入新课的方法，可以使学生产生悬念，然后通过授课解决悬念。

每节课的前十几分钟，学生情绪高昂，精神健旺，注意力集中，如果教师能抓住这个有利时机，根据欲讲内容，做一些随手可做的实验，就能激发他们的学习兴趣，使学生的注意力集中起来，如在讲动量和冲量时，让两支相同的粉笔分别从同一高度直接到桌面上和落到有厚毛巾铺垫的桌面上，可以发现直接落到桌面上的粉笔断了，落到厚毛巾垫上的另一支却完好无损，老师由此引入动量和冲量知识的讲授。

又如在讲圆周运动的向心力时，可用易拉罐做成"水流星"实验，按照常规认识，当易拉罐运动到最高时，水必往下洒，但从实验结果看却出乎意料之外，水并没有下落。接着使转速慢下来，学生们会发现慢到一定程度后水会洒出，接着提出问题：要使水不洒落下来，必须满足什么条件？从而引入课题使学生在好奇心的驱使下进入听课角色。

教师授课时要有良好的教学艺术

在教学中，教师富有哲理的幽默，能深深地感染和吸引学生，使自已教得轻松，学生学得愉快。

首先教师的生动风趣，能激发和提高学生的学习兴趣。

教学是一门语言艺术，语言应体现出机智和俏皮。课前，教师要进行自我心理调整，这样在课堂上才能有声有色，才能带着愉悦的心情传授知识，从而使学生受到感染。事实表明，教师风趣的语言艺术，能赢得学生的喜爱，信赖和敬佩，从而对学习产生浓厚的兴趣，即产生所谓"爱屋及乌"的效应。

其次教师授课时，要有丰富的情感，从而激励学生的学习情趣。

丰富的情感，是课堂教学语言艺术的运用，也是老师道德情操的要求。一个教态自然的教师，走进课堂应满脸笑容，每字每句都对学生有一种热情的期望。大多数学生的进步都是从任课教师的期望中产生的。富有情感色彩的课堂教学，能激起学生相应的情感体验，能激发他们的求知欲，能使他们更好地感受和理解教材。

教学一方面是进行认知性学习，另一方面是情感交流，两者结合得好能使学生在愉快的气氛中，把智力活动由最初简单的兴趣，引向热情而紧张的思考。所以教师要热爱学生，消除学生对教师的恐惧心理。当师生之间形成了一种融洽、和谐、轻松、愉快的人际关系时，就能更好地调动学生的学习的积极性，同时指导学生改进学习方法，让学生在物理学习中变被动为主动。

开展丰富的科技活动　培养物理学习的兴趣

我们可以结合国内外重大事件收集图书杂志、上网查询并下载大量有关物理学在现代科学技术方面的应用现状及发展前景的专题资料，精心组织、筛选，每学年出几期科普专栏，学生课前、课后都能承受时观赏图文并茂、通俗易懂的科普墙报，让学生感到物理就在身边，与他们现在和未来的生活息息相关，他们只有努力学习才能紧随时代的步伐。这样能激发学生较高层次的学习动机和探索科学的强烈愿望，使之保持学习物理的浓厚兴趣。

动动手才能动动脑，开展第二课堂科技活动，给学生提供更多动手实践的机会，而在动手实践过程中，学生必定会遇到一些问题，而这些问题反过来会进一步激发他们探索物理科学的愿望，增强他们学好物理的自信心。

加强学生的解题规范化要求

物理规范化我认为主要体现在三个方面：思想、方法的规范化，解题过程的规范化，物理语言和书写规范化。对此高考也有明确的要求。如在要求计算题时："解答应写出必要的文字说明、方程式和重要的演算步骤，只写出最后答案的不能得分，有数值计算的题，答案中必须明确写出数值和单位。"因此从高考的角度看高中物理的规范化要求应当从高一时就严格抓起。具体的来说应抓好以下几点：

（1）力学中要求画完整的受力分析图。运动学中要有画运动图景的习惯。

力学问题中必须画出完整的受力分析图。这是至关重要的。是正确解决力学问题的关键。有的同学认为问题很简单，画图不完整，或根本就不画受力图。正确的结果往往难以得出。即使一时能得出正确的答案，但这种不良的习惯慢慢就会养成。当遇到较为复杂的问题时，就不知道如何下手了。我有时甚至会宣传一种观点：力学问题当你不

理解习题，难以下手时，对物体受力分析，往往会收到意想不到效果，正所谓柳暗花明。

运动学中画运动图景辅助解题，有时作用也是不可替代的。我想我们在教学中深有体会，我们自己不画运动图景有时解题都不太容易。

（2）字母、符号的规范化书写。

一些易混的字母从一开始就要求能正确书写。如 u、v、μ、ρ、p，m 与 M 等，认真书写，我在教学中就发现有不少同学 m 与 M 不分，那么表达式就变味了。

受力分析图中，力较多时，如要求用大写的 F 加下标来表示弹力，用小写的 f 加下标来表示摩擦力，用 F 与 F′来表示一对弹力的作用力与反作用力。力 F 正交分解时的两个分力 Fx、Fy，初末速度 V_0、Vt 等等。

（3）必要的文字说明。

"必要的文字说明"是对题目完整解答过程中不可缺少的文字表述，它能使解题思路表达得清楚明了，解答有根有据，流畅完美。

比如，有的同学在力学问题中，常不指明研究对象，一上来就是一些表达式，让人很难搞清楚这个表达式到底是指向哪个物体的，有的则是没有根据，即没有原始表达式，一上来就是代入一组数据，让人也不清楚这些数据为什么这样用。同时有的同学的一些表达式中用到一些题设中没有的字母，如果不指明这些字母的意义也是让人摸不着头脑。很显然这些都是不符合要求的。

（4）方程式和重要的演算步骤。

方程式是主要的得分依据，写出的方程式必须是能反映出所依据的物理规律的基本式，不能以变形式、结果式代替方程式。同时方程式应该全部用字母、符号来表示，不能字母、符号和数据混合，数据式同样不能代替方程式。演算过程要求比较简洁，不要求把大量的运

算化简写到卷面上。

对探究式教学与学习的一点看法

新的课程标准提倡探究式教学和探究式学习，探究式学习是指学生在教师指导下，以类似科学研究的方式去获取知识和应用知识的学习方式。探究式学习的实质是学习者对科学研究的思维方式和研究方法的学习运用，通过这样一种基本形式和手段，培养创新意识和实践能力，提升科学素养。因此教师在教学过程中应该有探究式教学的意识。

但我们也不应走极端：即向学生传授物理知识大都是探究式；物理实验也都是探究性实验；习题也都牵强附会地编成探究试题，无论上什么样的课都是探究式的。实际上学习物理就是要在短时期内把前人通过长期大量的积累、实验得出的正确结论迅速承接过来，抽出时间和精力进行新的创新与发展，而且，培养学生探究能力不只是探究实验一种方式，介绍科学家的探究过程也是一种好的方法。

总之，探究式教学与探究式的学习并没有现成的模式，需要我们在教学实践中不断地探索。

12. 高中物理新课程的教学对策思考

陕西、北京等地区普通高中到今年为止，已全部使用教育部 2002 年 4 月颁布的《普通高级中学物理教学大纲》（简称新大纲）和与其相对应的新教材。新大纲与 1990 年版的大纲比较，不论是教育理念上，还是在教学目的、教学内容、教学要求等方面都作了重新调整，改写了不适应时代的表述和内容，体现了新一轮基础教育课程改革的

精神，为新课程标准的出台打下了良好的基础。从今年开始，教育部考试中心公布的《普通高等学校招生全国统一考试大纲·理科综合》已将新旧课程版合二为一，不再分新课程版和旧课程版。在高中物理教学中，广大教师应转变教育理念，确立以学生发展为本的现代教育观，从课程整体改革的高度来认识教学内容和要求的变化。

领会高中物理新大纲精神

（1）注重创新思维。

突出创新意识培养是体现课改精神、落实素质教育、开发学生潜能的一项重要举措。在《国务院关于基础教育改革和发展的决定》中明确提出"重视培养学生的创新精神和实践能力"，学校要成为培养创新精神和创新人才的摇篮，物理教育就责无旁贷的必须从培养21世纪合格人才的角度来考虑问题，注意将单科教学置于整个高中教育之中，置于提高国民素质、增强综合国力的大目标下，为学校总的培养目标的实现做出贡献。

对于中学生来说，在物理课程中培养创新意识可从以下三点做起：一是通过观察、实验、实践活动培养学生发现问题、提出问题。物理学总要观察，通过观察了解现象的特征，取得资料、数据，进而发现问题，有新的突破。例如，1973 年 3 月的某一天英国的格林威治天文台向世界宣布：天空中发现了一种叫湮食的现象，天空中有一颗恒星，当天王星走到这颗恒星与地球的中间时，就把恒星的光挡住了，类似于日食或月食现象，但不同的是从某时刻开始观察，天空变暗、再变亮、再变暗……进一步观察发现共经历了 11 次天空变暗，为什么呢？当时又取得了不少数据，反复观察和测量后，科学家们公认这是一次重大发现，93 年时最后确认：天王星外边有 5 个环，不仅仅是有一个本体，天空变暗 11 次与这 5 个环密切相关。当然，不是所有的观察都会得到重大发现，但总会有收获，有新的突破。另外，现在我们的教

学中，老师提问的时候多，学生只是回答问题，而提问的时候很少；老师研究探索较多的是怎样设疑，采取什么方式提问，而在怎样通过观察实践，让学生主动发现问题，在自己提出问题方面下的功夫远远不够。这一点对于培养学生创新意识是非常重要的，应当有一个大的转变。

（2）学会质疑。

是不迷信书本、不迷信权威，有健全的怀疑心，敢于有不同意见，敢于"标新立异"。物理学史的大量事例表明，不同于传统理论和观念，不迷信权威和书本，是科学创新的思想前提。在科学本身的矛盾已经显现出来时，谁能首先同束缚科学发展的传统观念决裂，勇于提出新思想、新见解，谁就可能抢占到科学发展的前沿阵地，作出突破性的发现。

众所周知，在爱因斯坦之前，洛仑兹和彭加勒已走到相对论的大门口，只是由于未能摆脱绝对时空的束缚，才没有最终迈入相对论的门槛。正是由于爱因斯坦抛开了"绝对时空"和"静止以太"的观念，才创建了狭义相对论，引起了人类时空观的巨大变革。因此，批评的头脑，怀疑的精神，是打开未知科学大门的钥匙。物理学已往对逻辑思维、形象思维强调的较多，现在应注重培养学生的发散思维、求异思维。

（3）对知识进行重新整理。

不是死背定义，而是会用自己的语言来描述所学知识，或高度概括所学章节的知识，可以对所学知识进行融会贯通的描述，会变通，能对课本上的某个实验进行改进，或设计小制作、小实验等等。

教师在教学中应采取适当的措施进行这方面的培养，如在物理习题教学中，对学生新颖别致的解题方法加分；表扬解题方法独到、巧妙、甚至超过老师的学生；鼓励学生不仅会想，而且会动

手，对少数学生在实验中的奇思怪想要给以热情回答，尽可能提供实验仪器让他们自己进行验证；启发学生积极探索不成功实验的失败原因，"创造"纠正的方法，分析实验误差原因，寻找减小实验误差的途径；还可以让学生猜想在实验中增加一些条件会出现结果，让学生想象假设地面没有摩擦、人变成强磁体、地球突然做自由落体运动、地球周围的大气层突然消失……，会出现一些什么样的情景？鼓励学生展开想象的翅膀。想象的过程、思考的过程也是对知识进行重新整理的过程。

作为教育工作者要清醒地认识到，基础教育阶段人的创造性思维火花可能光芒四射，也可能渐渐熄灭。教育既有可能为创新提供发展契机，成为发展的动力，也有可能阻碍甚至扼杀创新意识的形成和创新能力的发展。摧残天资优异而具有创造力的青少年，比鼓励他们开花结果要容易得多。所以，创设开放的教学情境，营造宽松民主的思考氛围，是培养创新意识的关键。

重视与学生的互动

强调学生主动参与、乐于探究、勤于思考的学习方式是新一轮课程改革的基本价值取向。在知识爆炸的时代，掌握知识的多少已经不是最重要的，而如何获取新知识才是至关重要的，这个道理已经被越来越多的人所接受。有关研究结果显示：一个人的成功，只有 15% 来自专业知识，而 85% 则来自态度和能力。基础教育的课程功能不仅仅是传授知识，更重要的是培养学生终身学习的愿望和能力，使获得知识与技能的过程同时成为学会学习和形成正确价值观的过程。物理新大纲之所以特别强调转变学生的学习方式的，其目的就在于使物理教育着眼于学生潜能的发挥，促进学生的可持续发展和特色发展。

过去，我们往往把教学过程看成教师讲、学生听的过程，过分注重知识传授，过分关注评价结果。走进中小学课堂就不难发现，课堂

教学模式基本上是灌输与接受，学生学习方式基本上是听讲、背诵、练习，再现教师传授的知识，学生完全处于一种被动接受的状态。香港《亚洲周刊》曾在题为"中国教育体制应进行改革"一文中谈到："相当一部分教师除了把学生当作'考试机器'来操练，已经不知道什么是教育的真正目的"。在这种课程模式下，听讲和习题成为学生最主要的学习方式，机械又呆板。这样的学生毕业后，进入大学或参加工作，就明显地带有被动学习或做事的特征，难以适应新的学习和胜任新的工作。我国与西方教育最大的差距，就是我们的学生提不出问题，不会做研究。

学习方式有很多，除背诵、听讲、实验、作业外，还有参观、看电视、用电脑、读课外书、与朋友聊天等等。新的学习方式的主要特征是主动、合作、探究。

新大纲强调学生是学习的主体，提倡学生参与确定学习目标、学习进度和评价目标，在学习中积极思考，在解决问题中学习；为实现互动式、交流式的合作学习，新大纲为不同层次的学生提供了参与学习、体验成功的机会，学生为了完成共同的任务，有明确的责任分工，学生之间能进行不断地、有效地沟通；在探究学习中，通过设置问题情境，让学生自主、独立地发现问题，通过实验、调查、信息搜集与处理、表达与交流等活动，经历探究过程，掌握解决问题的方法，获得知识与能力，情感与态度的发展。新的学习方式使学生在学习中，既可学习掌握知识，又可得到情操的陶冶、智力的开发和能力的培养，同时又可形成良好的个性和健全的人格。从这个意义上说，教学过程不仅仅要传授知识，而且要关注学生的身心发展，唤醒、激活学生的潜能。

明确高中物理教学内容和要求的变化

《基础教育课程改革纲要（试行）》强调"改变课程内容'繁、

难、偏、旧'和过于注重书本知识的现状"。物理新大纲根据学生的发展需要，重新审视高中物理的教学内容，从教育的总体目标和各门学科之间的联系出发，本着"基础性、综合性、发展性"的原则，精选在知识结构中最重要、最基本的主干知识，有利于提高学生科学文化素质和培养他们创新能力的知识，对学习现代科学技术有重要作用的知识，以及与实际社会生活联系密切的知识，使高中物理的知识面更宽、更适应时代的要求，同时又避免了教学内容过重、程度过深过难的倾向。

调整的内容主要体现在四个方面，一是精简了传统内容，比如平面镜、透镜成像；二是降低了某些传统内容的教学要求，比如气体的体积、压强和温度间的关系只做定性介绍，删去了气体实验三定律及理想气体状态方程；三是增加了物理思想方法的介绍和近代物理观点的渗透，比如量子和统计的观点；四是增加了基础性强、应用广泛又易接受的新知识，有不少是将原来的选学内容或阅读材料改为必学内容。

教学中应注意的几个问题

（1）切实落实新课程理念。

教育观念的转变是课程改革的关键，在实施新课程的过程中，教师首要应转变教学观，由重教师"传授"向重学生"发展"转变，由重结果向重过程转变，由单向信息传递向综合互动转变，由居高临下向平等对话转变。要真正认识到，学生既不是一个待灌的容器，也不是一个无血无肉的物品，而是一个活生生的有思想、有自主能力的人。教学过程中学习的主人是学生，而教师则是学生学习活动促进者、引导者、合作者。教学活动就是通过学生积极参与、交流、合作、探究等方式，让学生体验知识的产生和发展过程，从体验中理解掌握知识，形成能力，使学习过程成为学生在教师引导下主动参与、成功合作、有效探究的过程，使每个学生都得到充分发展。

（2）注重强化学科思想方法。

新课程提出的知识与技能、过程与方法、情感态度价值观三维教学功能，要求我们更加重视学科思想和方法的教学，把学科思想方法渗透贯穿于整个教学过程。物理学有其特有的思想方法，如理想模型法、控制变量法、无穷微元法、极端思维法、类比法、等效法、对称法等。一定要改变高密度，大运动量做题的教学方式，要重过程的分析，让学生在启发和引导中、在前人的探索和发现中进一步感悟有关科学原理、定律及其在实际问题中的应用规律，体会和掌握这些方法，培养学生的科学态度和精神。

（3）加强实验操作教学。

新大纲再一次强调观察和实验对培养学生的观察和实验能力，培养实事求是的科学态度，引起学习兴趣，具有重要作用，尤其是增加了探索性实验的数目，提出了将演示实验改为学生随堂实验、尽可能使用先进实验仪器的要求。其重要意义就是从适应21世纪对人才的需求出发，改变目前实验在物理教学中的薄弱状况，全面提高物理教学质量。在近两年的高考理综物理试题中可以看到，实验考查的都是常规实验，取材源于教材，试图通过考查，引导中学教学重视实验操作。但从试卷分析中发现考生的实验能力较差，解答实验题的情况很不理想，尽管如此，在实验教学中仍普遍存在着"教师的理论讲授＋学生的大量笔头练习"的模式，实验操作训练始终是极其薄弱的环节。

我们知道实验以其形象生动的特点有利于激发学生解决问题的动机。实验中蕴藏着极其活跃的因素，会出现许多意想不到的问题，对活化知识和训练思维大有益处；实验活动形式多样，能为各类学生提供全面而又有个性特长的发展条件；实验需要严谨、踏实等优良作风，

这种活动对于塑造人的完善品格具有重要意义。缺损的教学模式势必导致畸形的智能结构，影响学生的发展。因此，学校和教师不仅应该在理论上承认，而且应该在实践中力求真正贯彻以实验为基础的教学原则，加强对学生实验能力的培养。

（4）关注实际生活和科技发展。

重视物理知识与学生生活、科技和社会的联系是当前世界物理课程改革的趋势。新大纲提出："物理教学要密切联系实际。联系实际的对象包括自然现象、现代生活、科学实验、各种产业部门中的实际问题，以及科学技术的发展等。"近几年来，高考理综物理试题明显强调理论联系实际，也是为了引导学生关注实际生活和科技发展。因此在教学过程中一定要注意让学生多渠道、多方面地去吸收和了解有关信息，关注社会与生存的环境，了解科技发展和新的科学事件，可以向学生适当地提供前沿领域的专题性科普资料，如交通安全、体育运动、家用电器、航天技术、磁悬浮列车等，培养学生善于发现实际中与物理相关的问题，提高学生综合运用所学的知识去分析和解决的能力。

（5）开展好"课题研究"。

针对我国学生的基础知识比较扎实，但动手能力不强，不善于发现问题，不会作研究的现实，新大纲中首次提出开展"课题研究"，并强调课题研究的成绩要纳入考核成绩中，这是我国高中物理课程的一项重大改革。开展课题研究要求学生在教师的指导下，从身边的问题中选择研究专题，采取类似于科学研究的方式，主动获取知识并应用知识解决问题。课题研究的过程，不重于学生对某项具体知识的学习，不再有专家预先规划设计的知识体系，它的主要着眼点是引导学生关心实际问题，进而选择学习内容和学习过程，培养收集和处理信息的能力、交流与合作的能力、综合运用所学知识分析和解决问题的能力。

　　在课题研究中，一方面学生获取知识的渠道比以往大大拓宽，另一方面一些课题与社会和高新科学技术相衔接、是跨学科的、甚至没有惟一正确的答案。这些都对教师提出的新的挑战，要求教师要正确面对，不求面面俱到、样样精通，关键是开发出学生的好奇心和求知欲、调动起学生的积极性和创造力，能对学生的研究方向和方法给予指导，并在与学生一起探索、学习中提升自己。

第四章

学校化学教学的指导

1. 化学入门教学方法

利用化学实验，引导、激发学生的学习兴趣

化学是一门以实验为基础的科学，因此化学学科的优势就是有趣的化学实验，化学实验具有神奇的魅力，它不仅能揭示许多科学的理论，而且还能帮助学生解释日常生活的许多现象，更重要的是能引导学生积极思考、激发学生浓厚的学习化学的兴趣。因此，我在平时的教育教学活动中本着"一切以实验为主"的原则。

为了保证教学顺利进行，为确保实验成功，课前坚持做预实验，书本上的有些实验现象不明显、实验的成功率低，我会积极的加以改进，让学生从实验开始、到实验结束。在教学中，坚持以精彩的实验引入，抓住学生的心弦，立疑激趣，促使学生情绪高涨，以积极的态度、振奋的精神投入学习，因此学生不论是学习热情还是学习成绩都非常理想！

在开学的第一节课上，主要以实验为主。通过镁条燃烧前后色、态的改变，燃烧过程中发出的耀眼的白光；铁钉投入到稀盐酸中产生气泡；把无色的酚酞滴入到无色的氢氧化钠溶液中，溶液立即变成红色；氢气和氧气的混合气体点燃发生爆炸；铜绿受热由绿色变成黑色，试管壁出现晶莹的液滴，产生气体使澄清石灰水变成牛奶一样的乳白色等实验现象都给学生留下深刻的印象。从而使学生对化学产生浓厚的兴趣。

第一节课的成功后，有许多学生自愿报名，要担当班级的化学课代表，强烈要成立化学课外兴趣小组。每一节课之前争着帮老师拿实验仪器，甚至在每一节课之前有学生到实验室帮助老师准备实验！这都是学习动机中最现实、最活跃的成分——兴趣起的重要作用。

在平时的课堂教学中，根据学生听课的情况，调整自己的讲课速度，控制自己的音调高低，用以引起学生的充分注意，并且自己编一些顺口溜，既帮助学生记忆，又提高学生学习兴趣。例如：一氧化碳还原氧化铁一节课中，在做完实验，分析完重要知识点以后，给学生归纳出顺口溜："一氧化碳早出、晚归；酒精灯迟到、早退。"这样既帮助学生记忆实验步骤和现象，又使学生体会到，学习是很有意思的。

利用日常生活中的现象和事实，做到学以致用

学生仅有学习的兴趣我觉得远远不够，如何使之维持长久，如何使学生从对化学学科感兴趣上升到想学化学、学好化学。这才是我们要重点解决的问题！因此，在平时上课注重提醒学生带着两个重要问题：

（1）化学对我来说有什么用？

（2）化学与我们的生活关系密切，怎么密切？

这就要求老师在上课时，结合教学内容，使化学知识与现实生活，工农业生产相联系。

例如：我们在学习空气污染一节内容时，谈到空气污染物的来源、空气污染对人类带来的危害、如何防治空气污染时。带着学生观察我们学习旁边的一个大型洗浴中心的锅炉烟筒的排烟情况；带着学生到马路上观察汽车在启动、加速时候发生的现象；带着学生到化工厂附近闻气味、沿着化工厂的废水沟体会！通过此举，学习知道：汽车尾气排放、家庭燃烧含硫多的煤等燃料、化工厂的"三废"都会造成空气污染。我们如何治理，开发新能源，大力提倡植树植草等，并介绍每周的空气质量周报，使学生关注社会，关注生活。

注重培养学生的动手能力和观察能力

在化学课的课堂上，注重加强对学生实验动手能力和观察能力的

培养。在教学中，课堂所有的演示实验，全部让学生自己动手做、自己总结实验现象、自己动脑归纳实验的结论。这样学生的学习是主动，课后不再需要你去死记硬背，只要回忆课堂上的实验，就能掌握一节课所学的知识了！课后我还有意识地引导学生做一些家庭小实验，要求学生记录实验现象，第二天进行讨论。

坚持德育教育于化学教学之中

我国是世界四大文明古国之一，中国有着五千年悠久的历史和灿烂的文化，中国古代劳动人民是勤劳智慧的劳动人民，对化学的研究更是令世人瞩目的，许多化学成果在世界化学史上都留下光辉的一页！在平时的课堂教学中，对学生讲述一些化学史，讲述中国在化学方面的发展很有必要。例如：古代中国的火药、造纸术、瓷器文明于世，现代中国的化学发展也令人瞩目：世界上第一个人工合成具有生物活性的蛋白质，结晶牛胰岛素，侯德榜的先进事迹深深地教育着每一位学生：侯德榜以十门功课满分的成绩赴美留学，学成后归国，克服内乱和抗日战争的重重困难，建立制碱工厂，潜心研究，所创立的联合制碱法，打破了欧洲垄断造碱的历史，结束中国使用洋碱的历史，他改进的造碱工艺，被世人称为侯氏制碱法。此外，我国的瓷器工艺，酿造技术，冶金技术都在世界上居于领先地位。

在现代，我国的化学和科技都取得了伟大成就，随着第一颗原子弹爆炸之后，我国又成功地爆炸了氢弹，发射了洲际导弹和人造卫星。现在不仅能发射自己的卫星，而且还为其他国家发射卫星。这些都跻身于世界先进行列。实践证明，在化学教学中，爱国主义素材有机插入，不但活跃了课堂气氛，增加学生的学习兴趣，而且有助于学生树立远大理想，培养顽强刻苦的意志品质。

总之，初中化学启蒙教学十分重要，要让学生热爱化学学习，轻轻松松地学好化学，不是一件容易的事，这有待于我们进一步探索。

以上只是我在平时的教育教学活动中的一些肤浅的体会，旨在抛砖引玉！

2. 化学科学教学方法

化学教学方法是化学教师在教学过程中为了完成教学任务所采用的工作方式和学生在教师指导下的学习方式。

化学教学活动由教师、学生、教学内容和教学手段四个因素组成，教学手段包括教学方法和教学物质条件。这几个因素各有各的作用，它们作为一个有机的整体决定着教学活动的进行。但是在一个具体的班级，教师和学生是固定的，教学内容和教学物质条件大体上也可以看做是固定的，只有教学方法是灵活易变的因素。

化学教师可以根据教学内容、学生的认知水平、兴趣、爱好和学校的物质条件，选择或创造合适的教学方法，来保证取得好的教学效果。当然，如果教学方法不合适，就会事倍功半，影响教学效果。因此，化学教学方法是化学教师发挥聪明才智、进行创造性劳动的重要领域，是化学教学改革的活跃因素。

目前教学法书刊上介绍的化学教学方法种类繁多，但由于分类的根据不同，常常是将不同类型、不同层次的教学范畴混在一起，不便于对比研究它们的特点和使用条件。因此，有必要探溯它们的渊源，做出便于我们进行研究的分类。

我国和（前）苏联的教学论，常用分析法研究教学，把教学体系分解成课程教材、教学原则、教学组织形式和教学方法几个因素，分别加以研究，然后在教学实际中综合应用。按照这种方法划分出来的化学教学方法有讲授法、谈话法、讨论法、演示法、实验法、练习法、

读书指导法等。

西方国家的教学论，常用综合法研究教学。它们提出的许多教学方法，如发现法、程序教学法、范例教学法、设计教学法等，不仅仅是教学方法，而且常常涉及教学原则，教学组织形式，甚至课程教材。实际上，这里提到的发现法，程序教学法等，各是一种教学体系。

用分析法或综合法研究教学各有优点。后者比较合乎教学实际。因为教学本身就是一个综合体，难以把课程教材、教学原则、教学组织形式、教学方法几个因素截然分清，而且综合研究又有利于处理好教学体系中各种因素的关系。因此，目前我国化学教学方法改革中新创造的教学方法多属综合法，例如"读读、议议、讲讲、练练"教学法，单元结构教学法等就是。分析法的优点是化繁为简，化多因素为单因素，利于深入研究教学方法的特点和规律。也便于初学者掌握。

为了讨论方便，我们把用分析法研究教学得出的化学教学方法叫做第一类化学教学方法；把用综合法研究教学得出的化学教学方法叫做第二类化学教学方法。本节重点研究第一类化学教学方法。

第一类化学教学方法

（1）讲授法。

讲授法是教师通过口头语言对学生系统地传授知识的一种方法。运用这种方法，教师可以将化学知识系统地传授给学生，使学生能在较短的时间内获得较多的知识。它能运用启发的方式对学生提出问题，引起他们积极思考，并指出解决问题的途径，发展学生的抽象思维。讲授法是历史上流传下来的一种最主要的教学方法，也是当前化学教学中最基本的方法。其它各种方法都要与它结合着使用。

讲授法的缺点是教师占用的教学时间较多，不利于发挥学生的主体作用，也不利于发展学生的技能。如果教师不善于运用启发式教学，未能做到所教知识的逻辑顺序与学生的认识能力和认知结构相同步，

学生就会陷于被动状态，成为灌输的容器，导致机械地学习，死记硬背。没有经验的教师是很容易滑到这一步的。这就是讲授法常被人视之为"满堂灌"而经常受到批评的原因。

讲授法是教师通过口头语言向学生传授知识的方法，所以教师的语言水平对教学效果影响很大。经常可以见到这样的情形：一些教师专业知识水平不低，备课也努力，但由于语言表达能力差，讲课学生不爱听，影响了教学效果。

教学语言首先应该做到清晰、准确、简练。也就是说，它既要有严密的科学性和逻辑性，也要符合语法规范，不做无谓的重复。其次应该生动，即教师讲课要讲求艺术性，善于应用形象比喻，语调有抑扬顿挫，适当运用体态语言——以姿势助说话，使教学语言富有感染力，娓娓动听，从而激发学生学习的情绪。这里应该注意，教学是严肃的、艰苦的脑力劳动，不是娱乐，教学语言的生动应以不影响教学的科学性和正常的教学秩序为限，不能为了追求"生动"而插科打诨，卖弄噱头，把教学活动搞得庸俗化。因为那样既不利于学生知识的学习，也不利于他们思想品德的培养。

根据教材内容和学生认知发展水平的不同，讲授法的运用可分为讲述法、讲解法和讲演法3种形式。

①讲述法。教师向学生叙述化学史实，描述物质的性质、反应的现象，介绍重要物质在国民经济中所起的作用等，就是使用这种方法。

②讲解法。教师向学生说明化学现象产生的原因，阐述化学概念、化学原理时，要使用这种方法。这种方法的特点是，教师要对化学现象进行分析对比、推理、论证，从而使学生理解化学现象的本质，掌握化学概念、原理。在堂课中，讲述法与讲解法经常是结合着运用，而且常配合有演示实验，随堂实验和对学生的提问。

以上两种方法各个年级均可使用，是讲授法教学的主要形式。

③讲演法。这种方法适用于高年级。在课上，教师不仅描述化学事实，而且加以深入分析和论证，从而得出科学的结论。这种方法与讲述法、讲解法不同的地方是所涉及的课题比较深、广，所需要的时间比较长，中间不用提问和演示，要求学生做比较详细的笔记。

（2）谈话法和讨论法。

谈话法是教师通过和学生相互交谈来进行教学的方法，讨论法是在教师指导下，由全班或小组成员围绕某一中心问题发表意见而进行相互学习的一种方法。这两种方法不是使学生从不知到知，而是引导学生根据已有知识、经验，通过独立思考去获得新的知识。因此，从学习的心理机制看，谈话法和讨论法都是属于探究性的。它们的优点是能充分发挥学生的主体作用，激发学生的积极思维，并有利于培养学生的口头语言表达能力。

谈话法适用于所有年级，但低年级用得比较多。它一般用于检查学生的知识，复习和巩固旧知识，也用于讲授新课。教师做演示实验时，为了引导学生观察和思考，常用谈话法与之配合。

运用谈话法首先要求教师做充分准备，拟好谈话提纲。所提问题要有启发性。如果是通过一组问题来引导学生概括出某个科学的结论，则各问题之间应有严密的逻辑顺序。其次，要面向全体学生发问。给学生的思考的时间。提问对象要普遍，并要贯彻因材施教原则，即所提问题的难度应与答问学生的水平相当。

讨论法常用于高年级，因运用这种方法要求学生应具备一定的知识基础和独立思考能力。

运用讨论法首先要求教师提前布置讨论题，明确对讨论的要求，指导学生复习有关知识，搜集资料，写好发言提纲。其次，要求教师组织好讨论，鼓励学生勇于发表意见，相互切磋，并注意使讨论能围绕中心，紧扣主题。讨论结束后，教师要做好总结，提出需要进一步

思考的问题，供学生学习和研究。

（3）演示法。

为了使学生获得感性知识，加深对学习对象的印象，把理论知识与实际知识联系起来，同时也为了激发学生的学习兴趣，化学课上常须做演示实验，展示实物标本、模型、挂图、放映幻灯、电影、电视录像等。教师做演示时必须与讲授相结合，这样才能引导学生观察，使学生获得全面而清晰的表象，并在此基础上引导学生思维，帮助他们形成正确的化学概念，加深对化学现象本质的理解。

（4）实验法。

化学是一门以实验为基础的科学，学生学习化学必须做实验。因此，实验法是化学教学的基本方法。学生课内做实验主要分随堂实验和整堂实验课两种形式。

（5）练习法。

练习是在教师指导下学生巩固知识和培养技能的基本方法，也是学生学习过程中一种重要的实践活动。在化学教学中，一些重要的化学用语、化学基本概念、化学基础理论、化学计算和化学实验操作等，均需要有计划地加强练习，以达到巩固知识、训练技能、发展智力和培养能力的目的。

练习分口头练习、书面练习和操作练习3种形式。

在口头练习中，教师所提问题应具有启发性，不要提那些死背定义或简单回答"是"与"不是"的问题。同时还应对学生进行口头表达能力的训练，要求他们清晰、准确地回答问题。

为了提高课堂书面练习的效率，最好采用是非题、选择题、填充题或计算题这样一些学生书写文字量小的问题。为了训练学生组织思想、论述问题和文字表达的能力，可以适当布置学生写小论文，让他们在课下做。

操作练习，主要是让学生动手做实验和组装模型，目的是训练学生做化学实验和组装模型的操作技能，自然也是培养他们动手、动脑、解决实际问题的重要方法。像估液、取液、试管操持等基本操作学生容易出错，就可以结合欲巩固的化学知识，出题加以练习。学生学习有机化学缺乏空间立体观念，对于分子的立体异构常常想象不出来，让学生亲自组装分子模型，会巩固和加深他们对分子结构的理解，也有利于他们发展对微观粒子结构的想象力。

（6）读书指导法。

读书指导法是教师指导学生通过阅读化学教材和参考书获取知识、发展智力的一种教学方法，是培养学生自学能力的一种好方法。

教师应要求学生课前预习，课后复习，而预习和复习都必须阅读教材。如有余力，也应阅读参考书。指导学生读书应注意以下3点。

首先，要让学生认识认真读书的重要性，培养他们读书的兴趣。为此，教师除正面讲清认真读书的重要性之外，还应注意平常讲课不可过细，并在教学中经常让学生使用教材和参考书，布置必须阅读教材或参考书才能解答的习题，这样就可以促使学生养成认真读教材的习惯，并因学习上的成功而对读书产生兴趣。

其次，要教给学生正确的读书方法。预习时，要用浏览、泛读的方法。预习的目的是让学生初步了解教材，做好接受新知识的准备。就是说，要弥补旧知识的缺陷，发现新课的疑难问题，并带着这些问题去听课。复习时，要精读教材。教师要教给学生如何勾画重点、利用书的"天头地脚"写批注，如何摘录要点、列提纲或写概要，如何结合阅读整理课堂笔记等。

第三，要帮助学生选取合适的参考书。选书要从学生的实际出发，适合学生的知识水平和兴趣爱好。为了巩固课外阅读的成果，不断激发学生读书的兴趣，可以适当举办读书报告会、讨论会，交流读书心

得，活跃学习气氛。

第二类教学方法

（1）发现法。

发现法是教师提供适于学生进行再发现活动的教材，促使学生通过自己探索、尝试过程来发现知识，并培养提出问题和探索发现能力的方法。这种方法经过美国心理学家布鲁纳倡导，60～70年代在西方曾经广泛流行。运用这种方法的关键，在于编制适于学生再发现活动的教材。编制教材时要注意以下3点：

①缩短过程。将科学家原发现的曲折的认识过程加以剪辑，使之变成捷径。

②降低难度。原发现过程对于学生来说往往难度过大，必须降低到与学生认知结构相匹配的程度。

③精简歧途。原发现可能走过许多不同的道路，但教材应将它们精简成少量歧途，这样一则可以降低学习的难度，二则可以训练学生的分辨能力。

发现法一般按照下面的程序进行教学：

①提出要解决的问题；

②创设特定的情境，即提出与解决问题有关的某些条件，以激发学生认识上的矛盾；

③学生自己作出解决问题的假设；

④学生运用阅读、实验、观察、讨论等手段进行探索、发现；

⑤教师引导学生做出正确的结论。

发现法有如下几个显著的优点：

①有利于发挥学生在学习过程中的主体作用。

②能激发学生的学习热情。

③学习的知识比较牢固，而且便于迁移到新的情境中去。

④有利于发展学生的观察能力、推理能力和直觉思维能力，学习科学工作方法，培养科学态度。

发现法也有下面几个明显的缺点：

①不经济。因为只有给学生提供充分的图书资料、仪器、药品和完善的实验设施，他们才能进行自由的探索发现活动，而且这种教学方法需要耗费远比传统的讲授法要多的教学时间。

②由于学生是对他们未知的事物进行探索，因此，这种教学往往有相当的难度。这就需要学生具有较好的知识准备，而客观情况往往并不总是如此。

③虽然整个教学处于教师领导之下，但学生在探索发现过程中更多地是从事独立活动，此时教师就退居顾问地位，他们的主导作用的发挥受到了限制。

④这种教学方法重过程而不重结果，容易造成学生学得的知识不系统。

正是由于发现法有许多缺点，所以它没有能持续广泛地得到采用。

（2）局部探求法和引导发现法。

这两种教学方法本质上都属于发现法，但是它们是对发现法的改进。

局部探求法是将一个待发现的较复杂的问题划分成几个较简单的小问题，让学生分步去探索发现，或者让学生探索其中一两个小问题，其余由教师通过启发式谈话来解决。这样就降低了探索发现的难度，扩大了发现法的适用面。

引导发现法强调在学生发现活动中要加强教师的引导，减少发现活动的自发性，使学生尽可能少受挫折，从而降低发现的难度。应用这种方法，一个发现过程大体可分准备、初探、交流、总结、运用五个阶段。

准备阶段，教师引导学生做好发现的物质和精神准备。

初探阶段，教师引导学生进行探索发现活动，给予有困难的学生以必要帮助。

交流阶段，教师组织学生交流初探的成果和心得体会。

总结阶段，教师指导学生把发现中获得的知识加以系统化，并对学生的总结加以审查批改。

运用阶段，教师通过口头或书面练习的形式，让学生完成一定难度的作业，借以巩固知识，促进知识的迁移。

在整个教学活动中，教师自始至终要为学生创设一个有利于进行发现的情境。

这种方法的长处是能较好地发挥教师的主导作用，做到"学为主体，教为主导"。一般来说，如学校的物质条件较好，教师水平较高，学生认知程度整齐，应用这种方法可以获得较好的教学效果。

（3）"读读、议议、讲讲、练练"教学法。

"读读、议议、讲讲、练练"教学法的主旨是克服学生在学习中的被动状况，发挥他们的主体作用。这种教学方法的"读"，是指学生在教师指导下课堂上阅读教材。"议"，是指在阅读后让学生议论阅读中发现的疑难问题。"讲"，是指教师必要的讲授，它贯串课的始终。如布置阅读时提启发性问题，给学生的议论做总结，对于难度大、学生难以读、议的教材径直进行讲授等。"练"，是指在课堂上组织练习，组织学生做实验，借以巩固知识、形成技能。

显然，这种教学方法是根据教为主导、学为主体的教学原则，将阅读指导法、讨论法、讲授法、练习法、实验法综合在一起形成的，体现了启发式教学的精神，如果运用得好，会取得好的教学效果。

（4）单元结构教学法。

单元结构教学法是根据布鲁纳结构主义观点将化学教材重新加以组织，同时汲取发现法、程序教学法和传统的讲授法的优点而创造出来的一种新的教学方法。

采用单元结构教学法时，教师备课要做好两项工作。首先，要以理论为主线，实验为基础，将知识按内在逻辑联系组成不同的"结构单元"。其次，按结构单元编写指导学生自学的"学习程序"。

单元结构教学法一般按照下面的程序进行教学。

①教师启迪。开始学习时，教师对本单元的内容和重要性等作概括的介绍，以引起学生的学习动机，明确学习目的、学习方法和思路。

②学生自学。课堂上让学生按学习程序自学，其方式包括阅读教材、参考书、做实验、做预习题、钻研学习程序上提出的思考题。

③检查自学情况。组织讨论，进行重点讲授为了检查学生自学的情况，应让他们报告自学的成果，回答教师的提问，并组织他们对不同意见或自学理解不深刻的问题进行课堂讨论。然后教师对他们进行讲评、订正、示范、总结。同时根据需要，对于重点、难点教材还要进行讲授。讲完后再让学生做作业、做实验，以资巩固。

④做好总结。形成知识体系在一个单元学习结束时，教师要布置一些带综合性的作业或布置写小论文，促使学生将已学到的知识分类对比、概括、总结，使知识系统化，从而形成较完善的认知结构。

教学实践证明，这种教学方法有利于做到教为主导与学为主体的统一，可以让学生比较好地掌握双基和培养他们的思维能力与自学能力。但是它在如何划分结构单元，如何做到单元知识结构与学生认知结构最佳地配合等方面，尚不够成熟，有待继续探索。

运用化学教学方法的注意事项

前面介绍了两大类化学教学方法，这些方法都有自己的适用条件。第一类化学教学方法是单纯的方法，在运用这些方法时，只有贯彻正

确的教学原则，坚持实行启发式教学，适应课程教材的要求，协调与教学组织形式的关系，才能取得好的教学效果。第二类化学教学方法，虽是根据对教学实行综合研究设计出来的，但也存在指导思想是否符合教学规律，教学措施是否符合实际情况的问题。加之不同的课的教学目的、内容、学生的情况以及不同学校的环境设备均有差异，因此，教师如何根据实际情况正确选择和运用教学方法，对于提高教学质量具有重要意义。选择和运用教学方法，应该注意这样几点。

（1）要适合课题的教学目的任务。

教学方法是为完成教学目的任务服务的。因此，必须适合课题教学目的任务的要求。如课题的教学目的是传授新知识，一般就要应用演示法给学生提供感性知识，然后用讲授法、谈话法等方法使感性知识上升为理性知识。如果教学目的是培养学生的化学计算技能，则应采用练习法进行教学。由于教学中一堂课的教学目的往往不是单一的，因此，使用的教学方法也不应总是单一的，而应是几种方法最优的结合。

（2）要与教学内容相匹配。

教学目的由教学内容来体现，教学方法要适合教学目的的要求，就必须与教学内容相匹配。如元素化合物教材，一般应选用演示法、实验法、讲述法或讲解法；理论教材，应选用讲解法、谈话法或讨论法；对于化学用语，一般采用讲解法和练习法等。

（3）要与学生实际情况相适应。

不同年级的学生，其知识储备不同、认知水平不同、对于不同的教学方法的适应能力也不同。如讲解法、讲述法、谈话法、演示法等，在初中都可以顺利地使用，而讲演法、讨论法就宜于在高中使用。选择教学方法时还应考虑班集体的学风。例如，有的班特别活跃，学生爱提问，爱发表自己的意见，就利于采用谈话法和讨论法；有的班表

现"沉闷"，不爱提问题，讨论不爱发言，讨论法应暂时少用，而宜选用其它教学方法。当然教师也应采取措施，打破这种沉闷局面，使班集体逐步活跃起来。

（4）要考虑学校的设备条件。

某些教学方法的使用，与学校设备条件有关。例如，学校化学实验室设备完善，化学仪器药品供应充分，就可以多用实验法，也可以适当采用发现法。如果不具备这些条件，就只好采用演示法，或其它教学方法。

（5）要适合教师自身的业务水平和教学风格。

不同的教学方法对教师的业务能力要求不同。教师应该了解自己的长处和短处，扬长避短，形成自己的教学风格。例如，擅长口头表达的教师，可以多用讲授法、谈话法；精通化学实验的教师，可以多用演示法、实验法；教学组织能力强的教师，可以多用讨论法、"读读、议议、讲讲、练练"教学法等等。

当然，擅长口头表达的教师，在发挥讲授特长的同时，应该保证学生有足够的机会动手做实验；精通实验的教师，在发挥组织学生做实验的特长的同时，也应保证对学生进行必要的讲授。因此，一个好的化学教师，在发挥特长、形成风格的同时，必须具备运用各种普通教学方法的基本能力。

（6）要按规定教学时间完成教学任务。

各种教学方法传授同样数量的知识所耗费的时间是不同的。一般说来，讲授法、演示法耗用时间短，发现法、谈话法、讨论法、实验法耗用时间长。对于一个具体课题应采用什么方法，要根据课题的教学目的和可以使用的时间综合考虑，不能片面地做决定。

在教学过程中，为了取得好的教学效果，对于第一类化学教学方法，往往不能一种方法用到底，而是需要几种方法组合使用。例如，

在一堂课上教师不能总是讲授，常须配合使用演示、学生实验、谈话或讨论等方法。课的教学质量在相当大的程度上取决于这些方法的选择和组合是否得当。

对于第二类化学教学方法，例如发现法，除了它对教材组织有特殊要求外，教学方法上也是指导读书、实验、讨论、讲授等第一类化学教学方法的综合运用。它的教学质量既取决于教材组织，也取决于教学方法的选择与组合是否得当。因此，中学教师总结出一条很重要的经验："教学有法，但无定法，贵在优选"。

也就是说，一堂课教学质量的高低，相当大程度上取决于教师是否能根据实际情况对教学方法实行优选组合、灵活运用。所以教师优选组合、灵活运用教学方法的能力，可以看做是教师教学业务水平的一个重要标志。

3. 化学趣味教学方法

现在都在讲创新教育，初中化学的学习过程当中，也有一些不合"常规"的教学方法。在教学过程中运用一些趣味的教学方法，使学生能够更多更深的记忆化学知识，并在记忆知识的同时提高了学习化学的兴趣。

拟人记忆

*（1）*酒精灯的迟到与早退。

初中化学氢气还原氧化铜的实验中，必须要注意实验的操作顺序，否则的会导致实验失败甚至产生危险。顺序通常为：检查氢气的纯度后，先通氢气，一段时间后再点燃酒精灯加热；实验完成后，先熄灭酒精灯，还要继续通氢气直到试管冷却。在解释原因后学生当然能理解并记忆。在教学中用了一个拟人的方法：酒精灯它不是一个好学生，在氢气还原氧化铜的实验中它迟到早退。这样解释不仅学生能够清晰的记忆，同时还认识到，作为一个学生，迟到早退肯定是不好的。

（2）气体的收集或洗涤。

气体的制备和洗涤在初中教学中也是一个重点。在气体的制取和收集时，我们必须要注意导管的位置。通常是收集的时候导管必须深入到集气瓶的底部，导出气体的时候只应该刚刚露出橡皮塞。在教学时当老师说出"深入浅出"时，学生们都已经心领神会了。

推广一下，除了气体的收集外，气体的洗涤除杂一般导气管的位置也是如此。当然，在实际的教学过程中，我们也可以加入其他一些导管不是深入浅出的练习，培养学生的全面思维能力。

谐音联想

学生学习过程中经常会产生联想，把所学的知识与以前所学的知识联系起来，这样会更加牢固的记忆现在和过去的知识。这不失为学习的一种好的方法。在教学的过程中我们也必须要培养学生的联想的能力。

学习空气的成分的时候，讲到稀有气体有氦氖氩氪氙等几种气体。在课堂上说出氦氖与英语中 Hello 音相似时！下面马上有同学说出了亚克西！就是氩氪氙与学生们都熟悉的新疆语"亚克西"相似。其实学生的联想还是很丰富的，就看老师们怎么调动起他们的积极性来！

电解水的实验中，与电源负极相连产生的气体我们知道是氢气。许多同学记忆的时候容易混淆。这时就问他们，平时最喜欢的人是谁？有学生回答是爸爸。提示他们，平时最喜欢的人是父亲，那么，电解水的时候也不要忘记父亲。然后给学生解释：负氢（父亲）就是与负极相连产生的气体是氢气。学生同时笑了，他们记住负氢的同时也必定正氧，还有产生的两种气体的体积比、质量比等等。

有了前面的联想能力的培训,学生们也能自己主动联想了。在铁那章讲黑色金属是铁、铬、锰时,学生们马上在下面说道:"铁、铬、锰,铁、铬、锰,铁哥们!"

酸碱盐的教学中,金属活动顺序是教学的教学中的重点,也是学生记忆的一个难点。为了减轻学生记忆的负担,教学时介绍一种谐音记忆方法,帮助学生记忆:钾(嫁)钙(给)钠(那)镁(美)铝(女),锌(新)铁(铁)锡(衣)铅(嫌)氢(轻),铜(统)汞(共)银(一)铂(百)金(斤)。解释词义后再连在一起读:嫁给那美女,新铁衣嫌轻,统共一百斤。几遍下来,大部分学生都能记住了。

谜语的运用

学生都有好奇的天性,谜语自然能够满足他们的好奇感、集中他们的注意力,一些与化学有关的谜语还能很自然的过渡到课堂的教学的内容上来。

学习石灰石在高温下煅烧,制取生石灰的这个反应时,可以先学习于谦的《石灰吟》这首诗:千锤万凿出深山,烈火焚烧若等闲,粉身碎骨浑不怕,要留清白在人间。学习作者正大刚直的人生和不为五斗米折腰的傲骨正气,同时它也是一个谜语,也是一个化学变化。了解了一首托物言志的诗,猜出一个谜语,再来学习这个化学变化,学生们自然就有了更高的学习热情,感到了学习的乐趣。这样很容易就把学生带入到了一个新的学习境界。

在学习化学的过程中适当的加入一些谜语,不仅可以调节课堂气氛,培养学生的思维能力,还能提高学生学习化学的兴趣。在适当的时候我们可以加入一些谜语。

实验改进

学生们都对课本上的实验固然感兴趣,但大都能在课本上找到答

案，学生们天性会对已知结果的东西会产生排斥。如果我们对课本上的实验稍加改进的话，可能会达到更好的实验效果，也能更好的培养学生的创新的意识。这也是我们化学教师必须要做深的一步。当然初中化学中有很多很好的改进实验，这里只略举两例。

氢气吹肥皂泡的实验，当五彩斑斓的肥皂泡徐徐上升的时候，学生已经颇感兴趣。如果将上升的肥皂泡再用火点燃，学生更是兴奋异常。如果再把吹肥皂泡改为灌气球，那么，不仅学生津津乐道，而且从知识的更深层次，从化学与生活联系的角度，加深了学生对氢气性质的认识。

测定石墨和酸碱盐导电性的实验中，学生们对小灯泡的发光与否已经是司空见惯了，很难唤起学生实验的乐趣。但如果用音乐卡代替测导电性的装置，把以上实验改成学生实验，不仅提高学生的动手能力，当优美的音乐奏响时，学生也体会到一种成功的喜悦！课后自然会运用自己做的装置，再用它去测课本上没有的其他物质或溶液的导电性，唤起学生探索科学的激情！

趣味的化学教学方法自然还有很多，如：化学趣味实验本来就是最好的趣味教学方法，想必每位化学教师心中都装满许多这样的实验。这里只是作为那些趣味实验、实验改进等重头戏之外的一点点小小的补充。只要平时多留意、多思考，更多更好的趣味教学方法就在你身边！

4. 利用"导入"法进行化学教学

导入是引起学生注重、激发学习爱好、形成学习动机、明确学习目标和建立知识间联系的教学活动方式。这一意图性行动广泛地应用

于上课之始，或应用于开设新学科、进入新单元、新段落的教学过程。

导入的方法要依据教学的任务和内容，学生的年龄特征和心理需求，灵活运用，万万不可千佛一面。新课的导入虽仅占几分钟或几句话，但它是教学过程的重要环节和阶段，它正如戏曲的引子，影剧的"序幕"一样，可以引起学生的注重和爱好，拨动学生的心弦，充分地调动学生的学习积极性和主动性，同时还可起着新旧课之间的承上启下的作用。所以讲好每节课的开场白是十分重要的。

设问引入法

读书需要思维，思维始于问题。设疑是教师有意识地设置障碍，使学生产生疑问，引导学生思考，是一种有目的、有方向的思维导向。用设问引入新课，能激发学生的求知欲，促进学生积极地学习。

悬念激趣法

在化学教学中，有相当一部分内容缺乏趣味性，学起来枯燥，教起来干瘪，对这些内容就要求教师有意识地创设悬念，使学生产生一种探求问题奥妙所在的神秘感，从而激发起学生的学习爱好。

开门见山法

这是直接阐明学习目的和要求、各个重要部分的内容及教学程序的导入方法。

强调重要性也是一种开门见山的引入方法。有些化学知识十分重要，且抽象难学，在上新课前先强调学好这些化学知识的重要性，对于引起学生的高度重视，从而努力学好这些知识是大有帮助的。如：在讲解摩尔知识前，先给学生强调这部分十分重要，它贯穿于中学化学教材的始终，是中学化学计算的核心，只有学好它才能学好化学。

激情引入法

以学生已有的生活经验、已知的素材为出发点，教师通过生动而富有感染力的讲解、谈话或提问，以引起联想，自然地导入新课。

根据教材内容，教师还可用激情的语言，讲述一点化学史料，借以唤起学生爱祖国，爱科学的热情，从而激发起学生学习新课的爱好。

化学魔术引入法

用化学魔术引入新课，可激发学生的爱好和好奇心，从而把新课推向高潮。

类比引入法

有些化学概念，表面看来很相近，但实际是有区别的，有的学生易把它们混淆起来。在上新课时，采用类比引入，便于学生把新旧概念区分开来。

以旧拓新法

人们熟悉事物，总是遵循由已知到未知，由低级向高级这一客观规律的，学生学习也是这样。因此，我们在教学中，可以把旧知识作为新知识的"引燃点"。由复习旧知识入手，导入新课，这是常用的方法。

实验引入法

学生学习之始的心理活动特征是好奇、好看，要求解惑的心情急迫。在学习某些章节的开始，教师可演示富有启发性、趣味性的实验，使学生在感官上承受大量色、嗅、态、声、光、电诸方面的刺激，同时提出若干思考题，通过实验巧疑布阵、设置悬念。

设问引疑法

教学过程是一种提出问题和解决问题的持续不断的活动。所以有经验的教师，常在教学之始，编拟符合学生认知水平、富有启发性的问题，引起学生联想，或渗透本课的学习目标。

借助事例法

用学生生活中熟悉的事例来导入新课，能使学生产生一种亲切感，

起触类旁通的功效；也可介绍新奇、醒目的事例，为学生创设引人入胜、新奇不解的学习情境。

5. 利用"启发式"进行化学教学

在我国教育界，启发式教学法是最常见的概念之一。其起源可追溯到二千多年前的孔子时代，但时至今日，它仍然有着强大的生命力。其主要原因是它代表着一种科学、民主的教育思想，可以使学生更好地把握知识、发展智力、提高分析问题和解决问题的能力，同时使学生得到各方面的全面发展。

何谓启发式教学法？它不是一个具体的教学方法。因为一种具体的教学方法是由一套固定的教学格式或若干具体的教学环节来体现的，而启发式教学法并没有固定的教学格式和环节。在上课伊始让学生带着问题探究是启发；在课堂结束时留给学生一些悬念和问题让其实践或讨论发现问题、思考问题也是启发。

启发教学可以由一问一答、一讲一练的形式来体现；也可以通过教师的生动讲述使学生产生联想、留下深刻印象而实现。所以说，启发性是一种对各种教学方法和教学活动都具有指导意义的教学思想，启发式教学法就是贯彻启发性教学思想的教学法。也就是说，无论什么教学方法，只要是贯彻了启发教学思想的，都是启发式教学法，反之，就不是启发式教学法。

启发式教学法的概念，原本是针对注入式教学法提出来的，分析两者之间的根本区别，就可以得到启发教学思想的本质特征。所谓注入式，是指教师把学生当做盛装知识的容器，向其灌注大量现成的概念、原理、公式之类的知识。在教学活动中，学生是消极被动的接受者，学

习的特点是接受和记忆其结果。学生学到的知识不少，但是灵活运用和发现创造的能力差，智力和情感世界的全面发育受到限制和损害。

启发式教学与此相反，它认为学生是学习的主体，而教师的主要任务在于引导学生发现问题、思考问题、解决问题。学生在课堂上始终是主动的、积极的、能动的，学习上非常强调理解、运用、发挥、创造，并通过学习活动使学生的智力和非智力因素都得到发展。

启发式教学法的本质特征

（1）在教学观上，确立学生的主体地位。

课堂教学不是教师教学生学，而是通过教师启发、诱导，主要依靠学习者自身的活动来实现教学目标。师生共同活动、民主相处，教学相长。

（2）在教学过程中，强调学生的能动作用。

学生不是消极地接受知识，而要靠自己动手、动口、动脑来获得活的知识，增加创造能力。

（3）在教学手段上，通过创造良好的学习氛围。

来激发学习者的学习热情和内在潜能，不断提高教学效果和学生能力。而不是靠死记硬背、题海战术、加班加点等办法来提高学生成绩。

（4）在教学目标上，重视学生的全面发展。

知识与能力并重，学习与创造并重，智力因素与非智力因素并重，把学生培养成全方位发展的有创造力的人才。启发式教学是一种先进的、科学的教学观，是教学过程中使用的各种教学方法和手段都应贯彻的总体原则，具体实施哪种方法进行启发式教学，要按照课型的不同和教学内容的差异具体设计。

启发式教学具体方法的实施和应用

（1）演示启发。

通过演示实验激趣，引起学生探索的冲动，从而产生强烈的学习

欲望。

例如金属纳与水反应教学，紧紧抓住"浮"、"熔"、"游"、"红"等实验现象，引发学生思考："金属纳为什么浮在水面上？金属钠为什么变成液态小球？小球为什么在水面不停地游动？金属钠滚过的酚酞溶液的水面为何出现红色？"现象激起爱好，问题产生愤悱心理，使学生主动探索得到结论：钠比水轻，故浮在水面上；钠跟水反应放热，使钠熔成液态小球；由于钠和水反应十分剧烈，产生的 H_2 推动小球到处游动；钠跟水反应后生成氢氧化钠，使溶有酚酞溶液的水由无色变红色。

（2）直观启发。

人的熟悉过程，首先要建立在感知的基础上，由感性到理性，由浅入深，由表及里，由简单到复杂。因此，在教学中要加强直观性，使学生接触客观事物，把具体感受和抽象思维结合起来，能更好地理解教学内容，发展能力，提高教学效果。

比如，由于学生缺乏空间想象能力，常把举类的同分异构体但实为同一物质的例子当作同分异构体，假如采用立体图示或展示正四面体结构模型，学生易熟悉到两者属同一物质，由于投影角度不同而产生两种写法，一般说来，形象思维比抽象思维易于接受，教师可充分利用实物、图表、模型等教具，或采用电化教学手段，电视、录像、教学电影等，突出形象化教学。

（3）比喻启发。

化学的理论教学往往是抽象的，枯燥的，假如用空洞的语言平铺直叙地讲解，学生接受起来乏味，效果较差。

例如，对："pH = 5 的盐酸稀释 1000 倍，为什么 pH≠8？"这个问题假如采用理论阐述，定量计算，理解起来都十分困难，但假如让学生思考："糖水无限稀释，会产生咸味吗？"学生立即茅塞顿开，因

此，恰当的比喻，能够启迪思维，比反复讲解有效。

（4）比较启发。

世界上的一切事物都存在相对性和可比性，诸如强弱、大小、长短、高低、快慢等等，都是通过比较而产生的结论，世界上的事物千差万别，人们总是通过比较来熟悉共性和个性，辨别现象和本质，俄国心理学家谢切诺夫认为："比较是人类最珍贵的智力宝藏"。

在复习课中，对已学的基本概念，在系统归纳的基础上，运用比较的方法，揭示概念间的相同点和差异性，寻找知识之间的相互联系，对巩固和深化，是一条重要途径。

例如相似概念比较：

①同位素、同素异形体、同分异构体、同系物；

②电离和电解；

③渗析和盐析；

④同位素原子量、元素近似原子量、元素平均原子量；

⑤蒸馏、分馏和干馏；

⑥加聚和缩聚；

⑦裂化和裂解；

⑧水合、水解和水化等，在系统归纳的基础上进行比较，能够深化理解，丰富联想。

（5）设疑启发。

爱因斯坦说过："提出一个问题，往往比解决一个问题更重要"，不断提出问题，造成悬念，引起学生探索知识的愿望。

例如苯酚性质的教学，其实验程序为：

在实验的基础上，提出下列问题：

①为什么苯酚加少量水得浊液？加热又转澄清，冷却又变浑浊？

②继续加入氢氧化钠溶液，振荡为什么溶液又转澄清？

③吹入 CO_2 为什么又变浑浊?

然后引导学生推理:

①苯酚的溶解度与温度的关系。

②苯酚的酸性与羟基和苯环的关系。

③苯酚的酸性跟碳酸强弱的比较。

在层层设疑、层层逼进、不断探究的情况下,登上解决问题的高峰。

(6) 情境启发。

教学活动是一种带有情绪色彩的意向活动,精心创设良好的教学情境,使学生由境入情,情境交融,学习欲望达到旺盛状态,教学过程就会收到事半功倍的效果。

比如讲碳酸钙和碳酸氢钙的相互转化问题,可以先把学生引入"桂林山水甲天下"的美景之中:"你到过桂林吗?你见过溶洞吗?那倒挂的石钟乳,那挺拔的石竹石笋,那千奇百怪的石狮,石猴,那形态各异的飞禽走兽,显示出大自然造物的神采!那么它究竟是怎样形成的呢?当你走向溶洞,目睹那壮丽景观的时候,你能否自豪地宣称;我已经懂得了其中的化学原理了呢?……"。

这种讲法,布满激情和意境,使学生沉醉在祖国的漂亮河山之中,激发出热爱祖国的无限激情,学生自然地去探讨其中的奥妙,研究其中的化学原理,前苏联伟大的心理学家赞可夫曾说过:"教学法一旦触及学生的情绪和意志领域,触及学生的精神需要,这种教学法就能发挥高度有效的作用。"

(7) 反问启发。

当学生存在疑问不能解决的时候,教师并不是急于告诉现成的答案,而是反问激疑,促使学生积极思维,探索问题根源。

请看一段答疑对话:

学生:"老师,氧化铝是电解质吗?"

老师："请问什么是电解质呢？"

学生："凡是在水溶液中或熔化状态下能够导电的化合物是电解质。"

老师："氧化铝是不是化合物？"

学生："是，铝的氧化物。"

老师："氧化铝在熔融状态下导电吗？"

学生："导电，工业上电解熔融的氧化铝和冰晶石混合物制取金属铝。"

老师："那么，氧化铝是不是电解质呢？"

学生："一定是！"

以上回答，教师运用了常用的演绎推理，向学生提出概念，联系对比，层层启发，由于前提清楚，推理正确，使学生自己得出了肯定的答案：

（8）联想启发。

联想是由某一问题引起另一问题的心理过程，是客观事物之间的联系在人们头脑中的反映，是思维的一种属性，课堂教学中充分调动学生的联想，不仅活跃思维，而且能够增加知识的有序性，形成牢固的知识网络，培养发散思维能力。

（9）推理启发。

逻辑推理是从一个或几个判定得出一个新材料的思维方法，许多化学知识依靠逻辑推理获得，如概念的形成、理论的产生、公式的推导、方法的思考过程、典型习题的演练过程等等，都可以启发学生进行逻辑推理。

高考试题中许多简答题的设置，对考生逻辑推理能力提出了较高的要求。

（10）主线启发。

教师在处理教材内容时，要从整体上把握教材的知识体系，对知识与能力的要求，以及它们在各单元教学中的合理配置，有明确计划，随着教学进程，逐步启发，引导学生把握学科的知识结构，通过复习、练习以及结合实际应用，形成认知结构的知识点、知识链和网络。例如下面的知识主线：

烃→卤代烃→醇→醛→羧酸→酯

蛋白质→多肽→二肽→氨基酸

这种知识链条，给出有机物的相互衍变关系，对解答有机合成和推断试题有重要作用。

总之，启发式教学包含多种多样的教学方法，这里所论及的各种启发式教学法只是其中一部分而不是全部，但其共同特点是：在充分肯定教师主导作用的前提下，突出实验教学，突出形象化、直观化教学，突出学生的学习实践活动，激发学生学习爱好和动机，调动学生学习积极性，激励他们积极思考，主动探索，发展智力和能力，随着课程改革的不断深入，启发式教学法将有更加丰富的内容。

6. 利用"暗示"进行化学教学

暗示教学是在批判传统教学缺陷的基础上建立起来的一种新型教学方法。是指通过各种暗示手段，充分调动起学生的无意识心理活动，不断促进学生的生理潜力和心理潜力的发展，从而提高学生的记忆力、想像力、辩证思维能力及创造性解决问题的能力，使学生潜力得到充分发挥。那么如何在化学课堂上实施暗示教学，使学生在"无意中"获得知识和能力呢？

让学生的"有意识"和"无意识"协调起来

在课堂上，当学生有意识地学习课程的同时，他们的无意识也在吸收着各种信息，增加或削弱着有意识学习的效果。当有意识和无意识处于积极和谐的相互作用状态时，学习效率就会成倍提高，反之，学习效率就会降低。

在化学课堂上，老师们应把学生看作理性和感性同时在活动的整体，尽量地采用多种暗示方法，以充分调动学生无意识潜能，促进他们无意识活动和有意识活动的协调。具体措施如下：

（1）运用权威。

权威不是指特权或指挥权，是指经过一段时间验证后，获得学生尊敬而产生信任感的对象，在此主要指教师。教师的威性，能对学生产生心理上的吸引力，使学生乐于受教，从而提高学习兴趣与能力，是一种不可忽视的暗示手段。

如在上《卤素》章节复习课时，教师可预先通过分配角色，将学生分组，分别对卤族各元素的物理性质、化学性质及结构等方面的相似点和不同之处加以讨论总结。学生们乐于接受老师布置的具体任务，积极配合，从而自觉地进入学习情境。讨论方式使他们在合作、平等的氛围中对所学知识加以归纳、总结，增强了辩证思维能力。

（2）利用直观。

结合化学学科特点，在课堂上利用图片、模型、演示实验和 CAI 等直观手段，充分发挥学生的有意识和无意识知觉，把教学内容的基本原理和规则与上述艺术手段联系起来。如在学习氯气的物理性质时，可先放一段二战时，德军用氯气袭击英、法两军士兵的纪史影片。通过生动的纪实场面，学生们将有意识的刺激和无意识的刺激结合起来，通过联想，就可推知氯气的颜色、状态、密度、毒性，以此激发了学习潜力，增强了教学效果。

（3）使用音乐。

使用音乐是现代文科课堂教学中常用方法之一，对于化学这样的

理科课堂似乎是画蛇添足。其实，音乐在人的非理性活动中有着非常重要的作用。根据洛扎诺夫的教育观点，所学知识伴随着音乐同时进入大脑，就会产生两个兴奋中心。

学习为强的兴奋中心和音乐感知为弱的兴奋中心。强的兴奋中心集中稳定，弱的兴奋中心则向外扩散，这样就加强了强的兴奋中心，从而提高了学习效率。并且，学生在听音乐时，身心处于相对放松状态，自由联想随之产生，观念与观念之间联结越来越多，灵感也会随之出现。

（4）控制节奏。

节奏是生物学的基本原则，它能支配人的各种活动和情绪。化学课堂上，老师就要按知识点的要求，按照一定的节奏，合理控制学习过程中的阶段、间隙等。

如"布白"就是一种控制节奏，有意识地留出"时间空白"的教学艺术。如在和学生一起回顾了"影响化学平衡的四个外界因素"后，老师接着提问："那么对于电离平衡呢？"停顿于此，暗示了化学平衡和电离平衡的外界影响因素有相通之处。在此过程中，激起了学生大脑的冲动力，提高了知觉的兴奋程度。启迪学生，使之有所思考、联想，从而达到"无声胜有声"的境界。

建立开放的教学模式

暗示教学不光指教师对学生的一种教学手段。实际上，在学生对教师，学生对学生之间也存在着强烈的暗示作用。正确认识且重视暗示作用的相互性，将大大提高化学课堂的教学效果。而这种相互作用的实施则依赖于一个开放的教学模式。

（1）开放的框架结构及知识体系。

由于课堂上的主体是个性多样的学生群体，知识来源于学生已有的知识和生活阅历，所以老师设计的框架结构应是开放的，不把学生

锁在某一思维定域中思考问题。知识体系也是开放的、互补的，不围于某一内容，学科间相互渗透。如在讲述"物质的量是连接微观粒子和宏观可称量物质的桥梁"这个意义时，可以先引入曹冲称象的典故和称油菜籽的实际操作。老师则巧妙地利用学生分析中暗示的微观和宏观的关系，自然过渡到物质的量的涵义上。

（2）开放的师生关系。

师生间建立一种互相信任、互相尊重的关系，是暗示相互作用的必要前提之一。开放的师生关系不但能把握学生的情感，而且能使之与理智趋于一致，使学生通过有意识与无意识两种渠道去更多更快地接受知识。且将这种积极情绪带入学生与学生之间，学生与小组之间。这就需要课堂上，教师的态度要亲切和蔼，要处处激励学生的自信。并利用权威，正确设置外部环境、音乐效应、语调色彩等，使学习者综合地接受有意识和无意识的影响。

综上所述，暗示教学强调教师在化学课堂上发挥主导作用，运用各种手段激发学生的学习动机，提高学生学习的兴趣和自信心，不断调动他们的学习积极性和求知欲望。这不仅有效地提高了学生的记忆力，而且还打破纯理论、纯逻辑的传统教学方式，为教学研究开辟了一条新思路。

7. 利用"科学方法论"进行化学教学

科学方法论是"自然科学方法论"的简称。它既是马克思主义认识论的具体体现，又是对各门自然科学的认识方法的概括和总结。它所涉及到的观察、实验、测定、数据处理、分类、提出假说、验证假说、得出结论等步骤，正体现了化学研究方法的一般规律。所以，科

学方法论是正确认识化学知识的重要理论依据，又是培养解决化学问题能力的基本途径和步骤。

调整教材的编排体系突出知识专题的讲练

教学活动是一项系统工程，它是由教材、教师、学生三元素组成的。其中，教材是向学生传授知识的蓝本，它限定了知识的范围，控制了教学的标高，是教学大纲的具体体现。实践证明，脱离教材的教学，在很大程度上是盲目的。但教师完全照本宣科，即使学生把课本背得滚瓜烂熟，也无法适应培育人才的需要。因此，教师的重要作用是吃透教材的知识结构，合理地组编知识专题进行教学。

（1）按知识的有序性调整章节顺序。

（2）按知识的网络性组编知识专题。

根据学生的认识规律加强思维能力的培养

思维是人们获得理性知识的主要心理过程，是化学能力结构的核心。在教学过程中，结合化学材料，使学生在感性认识中形成感觉、知觉和观念，进而通过理性认识形成概念、定律和学说，这些都离不开科学思维的培养和锻炼。如何结合中学生的年龄特点和认识规律，培养和发展学生的思维能力呢？

（1）克服思维定势，培养学生的发散思维能力。

（2）通过一题多变，培养学生的逆向思维能力。

挖掘知识的内在规律注重学习方法的指导

化学知识的特点是"多、乱、杂"。难学、难记，学生视为"第二门外语"。为了消除学生的这一心理障碍，我们应用科学的思维方法，帮助学生整理归纳，力求使抽象知识具体化；微观知识宏观化；零乱知识条理化。使之循序渐进，强化掌握。

此外，我们还不断地总结解题方法和解题规律，以提高学生的应变能力。

8. 利用"优化教学"法进行化学教学

化学是一门以实验为基础的学科，学生不仅能从实验中去认知事物，而且可以通过实验来培养创新精神和实践能力。戴安邦先生曾指出："化学实验教学是实施全面化学教育的一种最有效的形式，是化学学科素质教育的有效组成部分。化学实验以其丰富的内涵在化学教学培养学生的素质中发挥独特的功能。"既然实验教学在培养学生中有如此重要的作用，那么化学教学工作者应该采用有效的实验教学方法，使实验教学的功能和魅力得以体现。

当前中学化学实验教学方法中存在的问题

当前，我国中学化学实验结构不利于培养学生的能力和素质。在中学化学教材中，大部分实验是演示实验，约占实验总数的 90% 以上，所以学生自我创新的机会太少。而演示实验又以验证性实验为主，探索性实验很少，这也限制了学生学习的主动性。

而常用的实验教学模式是老师将实验方案、步骤和注意事项明确地呈现给学生，然后进行演示实验，再把实验现象、结果和对应的知识进行比较，最后进行概括。学生在观察演示实验的时候"严格"地要求自己所看到的实验现象和结果与书上或老师所讲的相吻合，否则就认为自己的观点有错误。这样下来，做实验和观察实验只是对新知识的巩固，以便更好地掌握所学的知识，书写实验报告也只是将知识进行整理、归纳。而实验的目的却最终演变成了让学生被动地接受、巩固和检验知识。

从这种教学模式中，我们可以看出当前的实验教学中主要存在的问题是：

①在教学过程中，学生处于被动地位，主体性得不到充分发挥，学习主动性受到抑制。

②教师教学的主要任务只是传授知识、学会解题，忽视对学生创新意识的培养。

③教给学生的知识是预设的，对问题的解决只要求一种方案或答案，忽视对学生想象力和创造性思维能力的培养。

这种教学模式中学生不可能很好地洞察实验现象并从中发现问题。从培养学生综合能力的角度看，长期、单一地选用这种实验模式教学显然是极不妥当的。美国著名教育学家杜威认为这样的教学模式是与人的实际思维过程相悖的，它不能使人的创造力得到发展，而只能使人的头脑成为仓库。这样的模式不仅不利于学生的自主学习而且忽视对学生创新意识的培养，忽视对学生想象力和创造性思维能力的培养。所以我们需要更新、更有效的教学方法指导实验教学。

优化教学法在化学实验教学中的应用

卢梭曾经说过："教育的问题不在于告诉他一个真理，而在于教他怎样去发现真理。"培养学生的创新意识和创新精神的前提，就是要培养学生的主体意识和自主精神，而传统的实验教学方式无法很好地完成这样一个使命。为了充分发挥学生的主动性和积极性，增强学生的主体意识和自主精神，真正把培养学生的创新能力落到实处，我们有必要改变传统的实验教学方式为以探究性为主，其他多种教学方式为辅的教学方法，应用到实际教学中去。

（1）探究性实验教学方法的应用。

探究性实验教学方式以问题为核心，为学生提供了发现问题和解决问题的机会，学生主体在问题中设计解决问题的实验方案，通过实验进行观察、验证实验方案，最后归纳得到正确结论。通过这种方式促使学生自主地观察实验现象，从中发现问题活跃思维，从而达到良好的教学效果。

探究性实验教学模式是按照"设疑激趣——实验探究——归纳小结——运用创新"一步步实现的。在设疑激趣阶段，教师以启发性、趣味性创设情境，着眼于调动学生探究新知识的欲望，激发学生兴趣。

比如在讲授"钠的化合物"这节时，教师可以从"日常生活中，水通常用来灭火，你能相信滴水能生火吗?"问题引入，使学生形成矛盾心理，激发他们的好奇心。

紧接着进行演示实验，老师在包有少量 Na_2O_2（事先不让学生知道）的棉花上滴几滴水，当学生观察到棉花剧烈燃烧的现象后，明知水不能使棉花燃烧，可又无法解释眼前的事实时，强烈的探求欲望喷发出来，极大地调动了学生探究新知识的欲望，激发了他们学习的兴趣，使其在教学活动一开始就处于积极主动地状态，有一个良好的开端。

同样，中学化学很多课程都可以由生活实际或小故事引入的，如用酸雨问题引出"硫酸"，油田水质问题引出"硬水及其软化"，"鬼火传说"引出"白磷"等等。

引出了问题，下面就要进行实验探究了。教师先组织学生阅读教材或实验方案，观察演示实验或自己动手实验，记录实验现象，在充分讨论的基础上得出初步结论。

无论是阅读、实验还是讨论前，教师要精心指导，一是要指明要解决什么问题，要观察哪方面的现象，要进行哪些探究，二是强调阅读时要在教材上画出重点。观察时作好记录，讨论后要注意归纳。带着明确的目的性围绕着中心内容展开探究，并注意培养学生自学、观察、思维、实验等多方面的能力。

实验探究结束后要归纳小结，老师应全面、准确地归纳出实验的结论和说明的问题。如总结"钠的化合物"一节时，经过实验，可以归纳出几点：

①Na_2O_2 能够和 H_2O、CO_2 反应，都生成氧气，氧化性强。

②Na_2CO_3 和 $NaHCO_3$ 都可以和盐酸反应，但是后者反应比前者要剧烈得多。$NaHCO_3$ 受热易分解，稳定性比 Na_2CO_3 弱。

掌握了知识点后，要使学生会运用所学的知识，就需要教师对实验的知识运用创新。运用创新是对于已被学生初步获取的知识进行整理和强化的阶段，目的是巩固已学的知识，强化记忆。那么，在选择有关习题时，除了要紧扣教学内容外还要注意区分层次和梯度，以兼顾所有的学生。

在设计本节内容的习题时，可以将一道习题设计成三个层次，层层推进，也就相当于将学生也分成了三个层次。随着问题的深入，学生的思维渐渐宽阔，不同问题选择成绩层次不同的学生来回答，这样就兼顾了班上的所有同学，调动了全班的学习积极性。

（2）比较教学法的应用。

比较教学法是一种较常用的教学方法。因为化学知识中化学物质和化学反应本身就具有很强的规律性、相似性和相关性，特别是同族元素的性质非常相似，所以在化学实验教学中常常利用物质间性质的相关性和相似性进行对比教学，便于学生将相似和相近的知识内容进行对比理解和记忆，区分看似相同其实不同的反应实质，归纳总结本质相同的实验现象。比较教学法可以用在演示实验教学和实验复习中。例如：进行"金属钾的性质试验"

①观察金属钾反应前的现象：与钠相比，钾也是固体，用小刀切时感觉比钠更软，切口同样呈银白金属光泽，但比钠更容易发暗。

②观察金属钾与水反应时的现象：取绿豆大小的钾，用滤纸吸干煤油后，用镊子小心放入滴有酚酞的烧杯中，并盖上玻璃片，而钠与水反应不用盖玻璃片。钾浮在水面，迅速游动。现象与钠相同。但不

时发出轻微爆炸声、着火，比钠反应更剧烈，火焰呈浅紫色。

　　③观察金属钾与水反应后的现象：手触烧杯上壁，有热感；玻璃片上有因反应轻微爆炸而飞溅的液体；溶液滴有酚酞立即变红，反应后现象完全与钠相同。

　　通过钠和钾分别与水反应的实验，同学们可以由钠与钾的反应现象中的相同和不同点增强对碱金属元素的认识，不但容易掌握有关碱金属的化学知识、与水反应的实质，同时更能培养学生认真观察、善于观察和提高实验操作的能力。

　　此外，在实验复习中，教师可以运用比较教学法对同一实验装置的多种用途进行比较和归纳，在了解常用仪器的主要用途和使用方法的同时，思考和练习一种仪器的多种用途和操作，有利于学生理清思路，强化记忆，培养学生创新意识和创新能力。

　　现代教育技术的进步，使得教学方法和教学手段都得到很大的发展，多媒体教学法强大的功能也渐渐被化学教育工作者发现并大量使用。作为一种较现代的教学方法，它有着其他教学方法无法替代的优点。用多媒体进行实验教学时更生动、直接，不仅能扩大教学容量、拓宽学生的知识面，更能提高教学效率，符合素质教育对学生的基本要求。

　　在中学化学实验教学中，教师可以用多媒体制作的模拟实验来进行实验教学。虽然化学实验本身就是一个动手操作的过程，而且我们也反对用模拟实验代替所有动手实验的做法，但是在有些特殊情况下，由于实验条件、实验时间性和安全性等多种因素的限制，很多重要实验难以作为演示实验或学生实验走进课堂，用模拟实验却能起到很好的作用。

　　比如，有的实验又反应太慢，浪费课堂时间又影响教学进度，如铁的生锈等实验；而有的实验反应速度过快，不便于学生观察，采用

多媒体模拟实验就可以摆脱时间上的限制。再如有的实验反应过程中容易爆炸或产生有毒物质，危险性大，如氢氯光照实验等；有的实验容易因为错误操作而引起严重后果，我们可以用软件制作错误操作的后果展示，以提醒学生注意，如模拟"稀释浓硫酸时，将水倒入浓硫酸中液体沸腾并飞溅出来"的危险操作。这些特殊的实验都可以通过多媒体教学展示给学生。

在教学中，还可以用多媒体教学来放大演示实验现象，从而使全班同学都能看清实验反应的全过程。因为在课堂演示实验中，由于客观因素的限制，全班学生中往往只有前面几排的能够清晰地观察到实验操作步骤和实验现象，这样下来实验教学效果并不好。如果运用投影仪将老师演示实验的操作和实验的现象一览无余地展示在大屏幕上，整个过程就清晰明了，学生通过视觉感知接收到知识就会更丰富，记忆更持久。

优化教学法对学生能力的培养

优化教学法的目的是为了优化教学效果，培养学生的综合能力。每一种教学法都有其特定的运用氛围和积极的一面。运用最广泛的探究性实验教学法对学生能力培养是最全面和有效的，这种方法注重对学生创新精神和实践能力的培养，也对学生的思维能力、逻辑能力、观察能力等各个方面进行锻炼，同时还规范实验操作，提高了实验技能，增强了学生学习的自信心。此外，在多媒体实验教学法、比较教学法等运用中也注重了对学生观察能力和发散思维能力的培养。由此可见，优化教学法的实施对学生素质的培养是很有帮助的。

9. 利用"归纳法"进行化学教学

有效教学是新课程改革对教师教学更高的要求，也是广大教师所

追求的目标。所谓"有效"是指通过教师在一段时间的教学之后，学生所获得的具体的进步或发展。教学有没有效益，并不是指教师有没有教完内容或教得认不认真，而是指学生有没有学到什么或学生学得好不好。如果学生不想学或者学了没有收获，即使老师教得再辛苦也是无效教学。同样，如果学生学得很辛苦，但没有得到应有的发展，也是无效的教学。

　　二期课改提出"坚持全体学生的全面发展"。从教学角度谈"全面发展"，则"教学"意味着教师要有目的地引导学习。教学必须用一种易于学生觉知的方法，也就是适合学生发展水平的方式阐释学生所学的内容，若所采用的方法不易被学生觉知，那就达不到原定的教学目标，也就不可能有效。所以本着以学生发展为本的理念，采用一些有效的教学方法可以使学生在认知方面、情感方面、能力素质方面都能有所发展。高中化学教学中实施不定期的归纳、在教学过程中应用归纳法是进行有效教学的一个重要环节和手段。

采用归纳法的原因

　　归纳法是在茫茫宇宙中生存的人类必须、也只能采用的认知策略。为什么人类面对这个茫茫宇宙必须采取归纳的思维方式呢？因为"这个宇宙不是无序的，而是有着某种内在的结构、秩序、规律；并且这些结构、秩序、规律对于人类来说是可知，而不是完全不可知的"，即是说，宇宙内部自在地存在着某个起决定作用的"本体"，它有秩序有规律有一定结构性地"操纵"着宇宙间的万事万物。但是，对于人类以追求掌握这个"本体"的认识活动来说，宇宙的这个"本体"却只能体现在无数个个别事物中，而不能整体地裸现自己。这就决定了，人类在这个宇宙面前必须首先采取归纳的思维方式，即一个一个地认识这些事物，再把这些个别性的认识归纳起来，形成一个反映宇宙"本体"的核心思想。这就是为什么人类认识活动必须首先归纳的

思维方式的根本原因。

具体到化学这个学科，因为化学学科相比其它理科而言，知识的零散性较强，系统性较差，学生不易将所学内容记得扎实，不易形成系统化。为此，归纳法是我们在教学过程中和指导学生学习时的一种行之有效的方法。

归纳法的基本思路

归纳材料之间的一致性总是由"外在的一致"而到"内在的一致"的，外在的一致性也可以认为是"偶然的一致"，内在的一致则是"必然的一致"。我们人类的认识活动在归纳法中所要寻找的宇宙本体与事物本质，正是潜藏和表现于这个"必然的一致"之下，这个必然的一致越充分，这个本体也就越暴露，人的认识也就越能够发现它。

人们在从事归纳法的过程中所提出的假设，也是通过这样的"表现——发现"的过程而获得的"有根据"的假设，只是假设作为假设，还没有得到进一步的证实而已。得到证实的假设就是"思想"，它反映宇宙本体及事物本质，并在人类精神中建构起一个类似于客观存在世界的主观存在世界。思想与知识不同，思想同宇宙本体、事物本质一样，具有普遍性、无限性与唯一性，而知识只具有个别性、有限性与多样性。通过唯一的思想去掌握众多的知识，即通过"一"掌握"多"，是自然赋予人类精神的伟大力量。

归纳法的运用

（1）在新课教学中应用。

教学要达到有效，必须用一种易于学生觉知的方法，在新课教学中，有许多内容都可用归纳法，因为归纳法符合学生的认知规律，易于被学生接受。况且，高中化学教材的许多内容本身就是按归纳法来阐明，尤其是基本理论部分。也就是说，归纳法是编写教材的一种重

要思路，自然也应该成为教师讲课的思路，从而使学生在课堂上来体验、感悟科学家发现、探究、解决问题的过程，进而把知识和方法都变为学生自己的，达到"授人以渔"。

高一学生在学习化学时，普遍感到化学知识零散，似无规律，难记难学，再加上从初三到高一化学知识梯度较深、跨度较大。为此，我们在教学过程中要明确告诉学生教法和学法，在教学中才能使学生觉知。

例如，在学习元素周期律时，我首先告诉学生本节内容采用归纳法来讲授、学习，具体来讲，就是从大量的例子和事实中发现、归纳、总结出规律；然后将 $1 \sim 20$ 号元素作为个体，分别画出核外电子排布情况，引导学生发现元素核外电子排布规律，因为学生参与了发现规律，积极性得到了提高；接下来再引导学生归纳元素的主要化合价变化规律、元素原子半径的变化规律时，学生体会到了成功，感受到自己也能从具体的、一个一个的个体中归纳出一般的规律，自我效能感得到了提高；从而也激发了学生的学习热情，提高了学生的学习效率。

在引导学生归纳出知识规律时，教师要以开放的、宽容的态度，以期待、信任的眼光引导学生投入到充满探索和挑战性的学习活动中去，无疑会更进一步提高化学教学的有效性。

（2）在课堂小结中运用。

课堂小结是教学的基本环节之一，如果处理得当，则是"画龙点睛"。课堂小结，应促进学生学会归纳和反思，培养学生的归纳能力和自我反思的意识。为此，应将课堂总结由学生自己完成。

首先，要留时间给学生自我归纳反思，反思的内容可以是：这节课你学到了什么？你有什么收获？你还有什么问题？你还想知道什么？等。要让学生自由发言，互相补充；

其次，教师做适当的引伸与提高，最终让学生真正的得到收获、

自信和新颖的问题的答案。课堂总结既要求学生唱主角，又要求教师适时的引导，而不能完全的放任自流，否则，会使归纳变得无序而降低效率。

（3）在单元复习或总复习中应用。

教师树立新课改理念，更新自身的教学方式，促进学生学习方式的根本转变，是提高教学效率的基本保证。复习课，更应多归纳，而且是充分发挥学生的主体作用的归纳。归纳那些内容、以何种形式，都应先由学生根据自己的学习情况来定，而不能由老师包办。

复习其实就是对学过的知识进行整理和归纳的过程。目的在于"把厚书读薄"。归纳不是进行知识的简单堆聚，而是为了找出知识的本质规律及其内在联系，从而提高自身对知识的理性把握。

归纳法的具体应用

（1）整理笔记的方法。

如：复习元素化合物的章节，按结构——物理性质——化学性质——制法——用途来归纳整理。其目的是从整体上把握知识内容，做到对本章学习内容一目了然。

（2）分类归纳法。

在复习完一个模块或一个阶段的知识后，可以按着知识体系的不同，对同类知识内容给予归纳。如：对元素化合物按金属、非金属来归纳，金属元素又按照：单质——氧化物——氢氧化物——盐；非金属按：单质——氢化物——氧化物——酸——盐来归纳。

（3）按序归纳法。

这是按照知识结构的内在联系对相关知识进行归纳的一种方法。这种归纳方法有利于帮助我们建立起知识体系，有助于我们从宏观上整体把握住知识内容。

（4）绘表归纳法。

按照知识类别及要点项目，使用表格的形式对知识进行归纳。可以绘制归类表、对比表。这种表格归纳法，能明显地体现出知识点之间的区别和联系，使人看了一目了然。如：列表比较四个概念，同位素、同素异形体、同系物、同分异构体。

（5）列知识树法。

这是以知识体系为基础，以知识概念为主干，对知识细类及细目进行层层分解的归纳方法。它体现了知识概念的等级次序，对从宏观上把握知识大有益处。

（6）题型归纳法。

这是按照高考题型对相关知识进行归纳的一种方法。有助于提高解题速率和成功率，对高考复习至关重要。如：对无机框图题的解题策略归纳出：

①以特征反应为突破口。具有特殊的物理或化学性质的物质，往往具有特征反应或在反应中表现特殊的现象。如颜色反应呈黄色是钠元素的特征；有臭鸡蛋气味的气体是硫化氢；遇碘变蓝色是淀粉的特性；使品红溶液褪色的无色气体是二氧化硫；一氧化氮遇氧气变为红棕色；使酚酞试液变红的气体是氨气；白色沉淀在空气中由白色——灰绿色——红棕色是氢氧化亚铁转变为氢氧化铁的特征反应现象等等。这些特征反应或现象可以作为框图题解题的突破口。

②根据转化关系求解。由反应的转化关系推断物质，通过读图、思考，在常见的元素及化合物转化关系中通过筛选、甄别，确认物质。

③以框图中反复出现的信息为突破口。

④换位思考巧推断。换位思考即在解题时随问题和情景的不同，随时调整自己的思维方式，如变常规思维为跳跃思维，变求同思维为求异思维，变正向思维为反向思维，以达到解题时柳岸花明又一村之功效。

⑤运用课本知识和新信息细心推断。

10. 初中化学的教学方法

在初三化学教学中，有不少教师企图通过赶进度，多做题，做难题来提高教学质量。尽管他们起早贪黑，废寝忘食，但结果却事与愿违，事倍功半。究其原因，就在于他们并不懂得教学中的辩证法。近年来，我在化学教学中尝试采用轻松教学法，收到了较为满意的效果，下面谈谈实施这一教法应处理好的几个问题，以抛砖引玉。

遵循规律，不赶超进度

有些教师在平时教学中拼命赶进度，以期提早结束课程，增加总复习时间，学生理解消化不了，期待将来总复习再解决。这些老师似乎把总复习看作是个万能法宝。其实，总复习虽然对于巩固学生所学的知识和提高学生的能力，具有十分重要的意义，但不能把提高教学质量的希望寄托在总复习上。因为总复习质量的高低，是以平时教学质量高低为基础的。就总复习本身来说也是如此，如果单纯加快进度，追求复习了"多少遍"，一遍不成又一遍，煮了夹生饭，复习效果反而更差。这就是"欲速则不达"的道理。

在初三化学教学中，严格遵循教学规律，平时绝不赶超进度，而是做到认真备好课：备教案，备学生，备教法，备教具，备实验；认真上好课：精讲多练，扎扎实实，一步一个脚印，力求第一遍就能让学生掌握好，即"宁肯一勺熟，不要十勺烩。"这就为总复习的顺利进行，奠定了坚实的基础。总复习时再进行系统复习，然后再来个"查漏补缺"。这样看上去是慢了，实际上是快了，因为学生学得轻松而扎实，兴趣提高了，理解得也全面而深刻，复习效果自然良好。

精心选择，习题少而精

有些教师在教学中忘记了"贪多勿得"的道理，总以为做题越多越好，还说这是使学生开阔眼界，所以竭尽全力去搜索各种版本的复习资料，升学指导，名目繁多的自测题，模拟题，统考题，竞赛题等，不加选择地让学生去做，使学生陷入茫茫"题海"之中。加重了学生的负担，也影响了学生对其他学科的学习。要知道学生升学不能只靠你化学这门课，即使他们做了，是对是错也不知道，更谈不上灵活运用知识，提高解题能力，可谓事倍功半，收效甚微。

资料，试题多收集一些是必要的，但让学生去做时，就要加以精心选择，一要典型，二要适量，不是越多越好，选择的习题还应与生活和工农业生产密切相关。老师在讲评时对有些典型题目要力求分析透彻，做到一题多变：变形式，使学生将知识学活；变角度，以扩展学生解题思路；变内容，培养学生综合分析能力；变解法，提高学生解题的技能技巧。力求使学生真正掌握解题规律，做到举一反三，只有精讲精练，才能收到事半功倍之效。

循序渐进，提高解题能力

有些老师认为，要提高教学质量，就必须让学生做难题，一味追求"大综合"，"高难度"，而忽视了学生对基础知识的掌握和基本技能的训练。他们对基本类型题认为"太容易"，不屑一顾。其实难题也都是由基本类型题延伸，综合而来的。掌握基本类型题就是解决难题的前提和基础，这正是不会使用工具就造不出美观精巧的家具，打不好地基就盖不起坚固的高楼大厦的道理一样。

因此在整个化学教学过程中，我们应当有计划，有目的地遵循由简单到复杂，由易到难，循序渐进的教学原则，才能有效地提高学生分析问题，解决问题的能力，进而也就能解决那些"大综合"，"高难度"的问题。

增加实验，强化直观教学

兴趣是学生认识和探究事物的基础，是学习的原动力。做好课堂上的演示实验，是提高学生兴趣，是他们轻松学习的重要手段。

在做演示实验过程中，始终强调学生的基本操作规范化，这是训练学生严谨科学态度的重要途径。有时教师可有意识地采用不规范的操作，以造成不良后果让学生从观察中学会规范操作。现举几例供老师们参考：

（1）在粗盐的提纯中，把滤液直接蒸干，造成盐粒飞溅。

（2）在实验室制取氧气过程中，把试管口略向上倾斜，最后冷凝水倒流试管底部使试管炸裂。

（3）用高锰酸钾制氧气时，试管口不放棉花，结果高锰酸钾粉末进入导管，最后造成水槽中的水变成紫红色。

（4）用排水法收集气体完毕，先熄灭酒精灯，再拿导管，结果水逐渐吸进导管，使试管炸裂。

（5）氢气还原氧化铜时，先停氢气，后熄灭酒精灯，结果红色的铜又变成黑色。

（6）铁丝在集气瓶中燃烧时，瓶底不放沙或水，结果瓶底炸裂。

（7）试管中注入2/3试管的水，底部加热，结果水喷出。

（8）把没有洗干净的试管和洗干净的试管进行对比，看水膜的分布情况。

（9）增加稀 H_2SO_4 和大理石反应制取 CO_2 的实验。

（10）增加浓盐酸和大理石反应，制取的气体通入澄清的石灰水，澄清的石灰水不变浑浊的实验。

类似的错误操作很多，虽有一些仪器损失，但由此带来的教学效果是很好的，也是值得的。必须强调的是绝不要演示危险性太大的不规范操作，以防意外事故发生。

如何正确处理好教学进度的快慢，作业的多少，题目的难易，实验操作的规范与不规范之间的辩证关系，是目前化学教学中亟待解决的问题。只有严格按照教学规律办事，才能使教师教得轻松，学生学得轻松，才能真正提高课堂教学和复习教学的质量。

努力改进教法，开拓学生思维

课堂教学的过程是教师的主导和学生的主体两个作用紧密结合的过程，也就是传播知识、发展思维与培养能力的辩证统一的过程。如何使这个过程做到科学、优化，经过实践—反馈—再实践的过程，课堂教学初步形成"读、做、议、讲、练"结合的教法。

"读"，是各个环节的基础，也是培养自学能力的重要途径。所以，每章节我都列出阅读提纲，教会学生围绕提纲阅读课本内容，思考疑难，找出答案。指导学生阅读教材过程中，也逐步培养学生的自学能力。

"做"，是加强实验教学，让学生动手做实验。感知是获得知识的第一步，是发展思维的基础。根据初中学生兴趣广泛并喜欢自己动手的特点，尽可能地利用实验组织教学，让学生有更多实验的机会。

"议"，是读与做这两个环节的深化，也是师生交往的阶段，旨在达到培养学生分析问题、解决问题能力的目的。爱因斯坦说过："提出一个问题，往往比解决问题更重要"。要鼓励学生多思考，多发问。

"讲"，是水到渠成的阶段，也是知识点梳理、交代规律的环节。学生在读、做、议的基础上对教材有所感知，如果能得到老师点拨，将会实现新的飞跃。

"练"，是知识实验阶段，也是对知识的巩固深化、培养解决问题能力的环节，有利于学生学习情况的信息反馈。练，首先要加强课堂练习，在课堂上做到"读做议"中有练，根据教材的需要和学生的学习情况，编选基本练习题和综合练习题，有计划地布置给学生练习，

这样既照顾到大多数，又有利于对尖子生的培养。

加强学法指导志在培养能力

初三学生对化学这门学科的特点和学法，有一个认识和适应过程。有的学生说："学化学跟学英语一样，枯燥无味。"把化学看成一门"死记硬背"的科目，这就暴露了学生中有一个学习方法的认识问题。因此，我们为师者不能一味向学生灌输死的知识，而是要加强学习方法的指导，交给学生学习化学的"钥匙"，让学生从死记硬背中解脱出来，提高学习的兴趣。

（1）引导学生多观察，多分析。

在教学中，我尽可能联系生活中的化学现象，多提几个为什么，让学生用眼看，动脑想，动口议。

在实验中，我重视培养学生观察的习惯，在每一个实验中，都从实验内容、实验装置、反应原理、结论和处理方法几个方面加以研究，使学生初步学会利用实验去研究化学问题的基本方法；学会通过观察去掌握实际现象，去说明物质性质及变化规律；学会用实验去鉴别物质的组成和性质。

（2）指导学生会记忆，减轻学生负担。

学化学要强调必要的记忆。学生初学化学时，元素符号、化合价、分子式、化学方程式等化学用语接踵而来，所以必须指导学生学会记忆。

（3）让学生学会正确的思维方法。

在教学过程中，要教会学生善于发现问题、提出问题，注意培养学生联系实际勤于思考的习惯。

开展课外活动激发学习兴趣

课外活动是课堂教学的延伸，两者可以互相结合、互相促进。内容丰富充实，教师指导得当的课外活动，可以让学生在知识性、科学

性、趣味性的活动中开展智慧的翅膀，动脑、动手、多思、多做，从中受到鼓励、启示，诱发兴趣和灵感，产生创造欲望，培养创造性思维能力。

11. 初、高中化学衔接教学

初中阶段是按九年义务教育的要求，对全体初中生进行最基本的化学知识和技能的"入门"教学，它着眼于提高全民族素质；高一、高二的化学必修课是面向全体高中学生的进一步普及加深化学知识，以适应多种社会选择能力的教学；而高三的化学选修课则是根据部分学生的个人特长、兴趣爱好而进行的化学知识的提高教学。这种既有系统又分阶段的划分，减轻了学生的课业负担，克服了偏科现象，为大面积提高化学教学质量创造了条件。但如何搞好其中每两个阶段化学教学的"衔接"，却有很多事情要做。

认真调查摸清情况

"知己知彼，百战不殆"。此话对于做好初、高中化学教学的衔接工作同样适用。

（1）认真钻研教材，熟悉初、高中全部教材的体系和内容。明确哪些知识点在初中已经基本解决；哪些知识点应在初中解决而实际并未完全解决；哪些知识点在初中未解决，应在高中拓宽和加深等，做到心中有数。

（2）摸清高一新生的心理变化情况和素质情况。

（3）搞一次摸底测验，了解学生学习的现实情况。

总之，对过渡阶段必须采取有力措施，对学生加强思想教育，克服心理障碍，鼓励学生经常反思自己，改进学习方法，以在较短时间

内改变学习上"不适应"的情况。

对症下药抓好衔接

在吃透大纲和教材，摸清学生思想、知识、能力等基本素质情况和学习中的现实情况以后，"对症下药"，采取有效措施，顺利地做好了初、高中化学教学的衔接工作。

（1）紧扣高中化学教学大纲。

采用"集中复习"和"穿插复习"相结合的方法，做好知识的查漏补缺工作，以创造一个较为整齐的教学起点。

（2）改进教学方法，善用启发式教学。

不管采用什么教学程序和方法，"启发式"都是必要的。因为它使教学过程成为在教师指导下学生主动探索知识的过程，故能极大地调动学生的学习积极性。

（3）掌握学习方法，培养学习习惯。

实践证明，学生学习方法的转变是一项艰苦的劳动，要有一个逐步适应的过程，决不能操之过急。在高一对学生铺设的问题台阶不要一下子就很高，要使他们能上得去，以防发生两极分化。要通过耐心细致地引导，教会学生从比较中学习，发现相似，寻求规律，逐步培养思维的敏捷性和严密性。在做和练中，不断找出好的学习方法。

（4）激发学习兴趣，发展思维能力。

良好的学习兴趣是求知欲的源泉，是思维的动力，也是提高高中化学教学质量的关键。

高一新生正处于不成熟向逐步成熟的过渡阶段。一个实验、一个人、一件事、一本书都可激发起他们心中的热情。因此，在化学教学中要发挥实验的优势，使学生一开始就"迷"上化学，并将学习兴趣转化为学习的动力。

综上所述，初、高中化学教学的衔接工作是多方面的、但重点是

抓思想教育、教学内容、教学方法、学习方法以及能力培养的衔接。

12. 高中化学的教学方法

判断什么是圆形时，几乎 *100%* 的人能正确回答，而什么叫圆？*98%* 以上的人回答不出：圆是一个二维空间，闭合形状，线上每一点到圆心的距离相等。类似这样很多。扪心自问，中学学习到的例子的许多具体知识及运算技巧与工作无关的大多已经忘记了，留在我们脑海的只是基本常识及思维方法。这对中学化学教学提出一个课题：我们应该教给学生什么？

教育观念上，我们要随时代的转变而转变

任何一种教育观念都是时代的产物。教育与社会紧密相关，在知识呈爆炸性的今天，社会不停的发展变化，我们教师教育观念必须随着转变。在知识飞速发展的今天，终身学习已成必然，学校已不是知识学习的唯一场所、最后的场所，课堂中教师传授知识的内容本身变得不那么重要了，"授人以鱼，不如授人以渔"，重要的是教会学生获取、加工、运用知识的能力，特别是创新能力。要培养学生能力，教师必须跳出原有的知识传递者的角色定位。当然传递知识依然是教师责任，但不能把此视为教师工作的全部，更不是终极目标。教学思想上要发生转变，教学应由教师为中心组织教学转变为以教师为主导、学生为中心。

教学方法上，要重视知识的形成过程

目前，在学生中厌学的情况特别严重，很重要的原因是我们在教学方法上，采取满堂灌的方式，没有时间去引导学生对知识的兴趣，引导学生去探索知识的形成过程，并从探索知识的形成过程获得知识、能力，而是忙于教给学生结论，反复做练习加强、巩固。学生对这样

单一、被动的学习感到枯燥、乏味，而且负担很重，对硬灌入的知识很难提起兴趣。

其实，我们注意观察婴、幼儿的行为，发现刚会走的小孩，特别喜欢自己走，当它已经完全学会了走路，在让他无目的的走，却很难再提起他的兴趣。人天生就有一种探索未知的本能，浓厚的兴趣是发生在过程中。化学作为科学知识的一个组成部分，我们教给学生的不仅是化学基本常识，更重要的是让学生在"探究"化学问题的过程中，体验、感受科学的思维方法，形成较强的学习能力。教师在教学中不应过于重视教学的结果，而应更多的关注教学过程。

营造一种宽松的学习氛围，创设探索知识的情景

人本身就有一定的素质和潜能，而人的某些素质是很难教会的。对人的潜在的素质挖掘、开发，激活内在的东西，不是靠老师的灌输而能解决的，有人说：教师就像"助产士"，给受教育者提供条件和氛围。我们应提供怎样的氛围呢？

（1）教师要爱护学生。

以饱满的激情去感染学生。美国著名教育家们曾做过一次问卷调查，在回收的调查表中学生喜欢的教师的顺序是对学生友善态度的教师，尊重课堂每一个人的教师，有耐心的教师，兴趣广泛的教师，有良好仪表的教师，对学生公正的教师，有幽默感的教师，有良好品行的教师，能关注自己的教师，具有伸缩性的教师。可见，我们的学生在情感上对教师的要求甚至超过对学识的要求。所以，在平时教学中，我有意识的去参照这些去做，以饱满的激情，引起学生的情感共鸣，这样，讲授的内容容易引起学生的注意，而且感染了课堂，形成良好的学习氛围，学生在积极的情感支配下，思维变得灵活而敏捷，学习化学的兴趣越来越高，成绩一步步逐渐提高，收到了良好的教学效果。

（2）创设探索知识的情境。

引导学生探索知识的形成过程。教学情境对教学过程起引导、定向、调节和控制作用，在教学中，根据教学目标，创设探索知识的氛围，不仅能激发学生的学习兴趣和求知欲望，而且能使学生自觉围绕目标而学习。

例如，在进行氯水的漂白性教学时，我给学生创设了了这样一个探索知识的情景：将酚酞试液滴入氢氧化钠溶液中，试液变红，在向上述溶液通入氯气，红色退为无色。组织学生讨论原因，原因可能有两种：其一，氯气与氢氧化钠溶液反应；其二、有一种漂白性物质使红色漂白。进一步要求学生设计实验求证真实原因。在教师有意识创设的探索氛围中，学生的科学思维方式得到了很好的训练，对学生而言终生受用。

13. 利用多媒体课件进行教学

随着社会的发展，越来越多的现代技术应用于课堂教学，特别是计算机软件进入课堂辅助教学，更是使现代教学手段发生了巨大的变化。但是，如何把传统的教学手段与现代教学媒体有机地结合应用于课堂教学？对于化学学科，更有其特点。

辅助教学之媒体，越简单越好

在教学中，对于媒体的选择，首先应根据具体教学内容而定，但是，在具体的课堂教学中，如果每节45分钟的课，选择的媒体太多太复杂，花时太长，那么将很难完成教学任务。因此，媒体的选择，只要能够说明问题，应越简单越好。

讲《碳的化学性质》时，将课本中"笔意"二字放大复印，上课时展示，一下子吸引了学生的注意力，顺利地引入新课。模型的展示，挂图及活动挂图的合理运用，均是一些简单，却不失为有效的教学媒体。

如有机化学中，运用甲烷、乙烯、乙炔的球棍模型来说明其分子结构及单、双、叁键的特点，分析其化学性质，既直观，又可以提高学生对有机物空间结构的想象能力。

实验是一种最重要的教学媒体

化学是一门自然科学，是以实验为基础的科学。其理论的建立大多是通过实验，从个别到一般，再到个别；或者实验、假设、再实验论证的过程。因此，在化学教学中，实验是学生学习化学理论，掌握实验操作技能，培养严谨的科学素质必不可少的过程。特别是在课堂教学中，实验以其真实性、直观性，给学生第一手感性材料，任何模拟、说明、比喻、描述，都必须基于实验基础上，帮助学生理解教材内容。

利用录像实验辅助教学真实可信

对于一些较复杂、有危险、要求高、时间长的实验，不适合课堂演示，则拍成录像，于课堂播放。这样，既保证了实验的真实性和直观性，又便于观察实验现象，同时也提高了课堂进度。

如讲《CO 的性质》时，把家中的煤炉燃烧情况拍成录像用于上课。又如讲"碳还原二氧化碳"时，很多同学很难想象这个反应实验该怎样做。采用铁管作为木炭还原二氧化碳的反应器，然后把实验拍成 2 分钟的录像，这样把一个复杂、反应时间长的实验带到课堂，起到了良好的效果。

运用计算机软件模拟化学反应原理效果好

化学是研究物质的组成、结构、性质和变化规律的科学，化学概念及原理大多较为抽象。物质的微观结构既看不见，又摸不着，且化学变化又是在原子的基础上重新组合的结果。因此单靠语言和文字描述，学生较难理解。通过计算机软件进行动画模拟，能形象生动地表现分子、原子等微观粒子的运动特征，变抽象为形象，让学生直观形象地认识微观世界，更容易了解化学变化的实质，理解化学原理。

如解释化学反应时，动画模拟"白磷分子"和"氧分子"，再分别拆为原子，最后重新组合为"五氧化二磷分子"的过程。

又如：在做"Cu－Zn原电池"的演示实验的同时，通过动画模拟或使学生形象地看到电子运动方向及两极电子得失的特点。这样，既帮助学生进一步认识物质的结构，理解化学变化的原理，也大大提高课堂教学质量，吸引学生的兴趣，引导学生进一步思考。

科学应用投影机，促进知识的掌握

在众多的教学设备中，投影机有其独特的优点，因此，备受教师青睐，也是各校及教师使用频率较高的电教设备。在化学课堂教学中投影机的应用主要有两方面：即投影片和投影实验。但在课堂中如何科学、合理地使用投影，让学生更容易地掌握教材内容，首先应认真写好教案，将投影次序，提什么问题，讲解分析的内容都编定。还必须把握投影时机，以吸引学生的注意力，激发学生的求知欲，从而突破教学难点。这样才能恰当地指导学生观察、分析、解决问题。

（1）投影片的制作。

使用各种媒体的目的，都是为了突出重点、突破难点。因此，投影片的制作要立足于科学、准确地解决教材中的重点、难点，以助于改进教学方法和提高教学质量。在具体设计每一张投影片时，要明确投影片要解决的问题。

如介绍"电子云"时，学生对电子云模型中那么多的"点"很难理解，通过投影叠片使学生理解电子云模型的概念。而在介绍到"氯化氢制取装置中尾气吸收装置"如何防止水倒吸时，制作成推拉片，让学生形象地看到烧杯中液面的变化。在复习"烃的衍生物"时利用

投影片比较各种官能团的特征，帮助学生比较烃的各类衍生物的性质。

（2）应用投影观察演示实验。

众所周知化学演示实验是教师在课堂中的演示，因此，除前几排的学生外，后面的同学较难看到变化的现象。而投影机能把一些现象放大，帮助学生观察。

如讲"布朗运动"时，在大烧杯中盛 $1 \sim 2$ 厘米高的水，放入一点松树的花粉，利用投影观察，可以减少近距离观察时呼吸的干扰；而讲到"H_2 的制取原理"时用培养皿盛稀硫酸和锌反应，利用投影观察其反应放出气泡的过程。都给学生留下了深刻的印象，达到了预期的目的。

由此可见，中学化学课堂教学中，可以利用的辅助教学的媒体种类较多。因此，合理科学地选择媒体辅助教学，可以帮助学生形成化学概念，理解化学原理，提高分析解决问题的能力。

14. 利用"自学——引导"法进行化学教学

高中化学课程改革的基本思路强调形成积极主动的学习态度，倡导学生主动参与、乐于探究、勤于动手，培养学生搜集和处理信息的能力、获取新知识的能力、分析和解决问题的能力以及交流与合作的能力。"灌输式"、"填鸭式"、"满堂灌"等以练习记忆力为中心的传统教学方法严重挫伤了学生的学习积极性，限制了创新能力的培养，造成课堂活动机械、僵化、缺乏活力。"自学——引导"式教学则弥补了以上传统教学方法的不足，体现了新课标的精神。

"自学——引导"式教学方法的模式及其优点

"自学——引导"式教学方法，顾名思义，就是在教师的引导下，学生通过课前预习了解教材内容，并对不解之处提出问题，教师根据学生所提问题通过个别答疑或课堂讨论等方式为学生解决问题。

"自学——引导"式教学方法与传统教学方法相比，它着重在于培养学生的自学能力和提出问题的能力，充分体现了学生在学习过程中的主体地位；教师则起引导作用，引导学生有目的的进行预习提出问题，帮助学生解决问题。

当今是知识经济时代，教育的四大功能是："学会认知，学会做事，学会共同生活，学会生存。"新的高中化学课程理念强调通过化学教学激发学生学习化学的爱好，强化科学探究的意识，促进学习方式的转变，培养学生的创新精神和实践能力。

在国际竞争中，是否具有创新能力，已成为一个民族是否具有竞争力的要害。而提问题的能力一定程度上说就是创新能力的前提和基础。正如爱因斯坦所说的"提出一个问题，往往比解决一个问题更重要"。因为有问题，才会有思考、有了思考，才有可能找到解决问题的方法和途径。但目前我们的课堂教学中大多还是老师讲、学生听，教师写、学生记，教师问、学生答的教学模式。

这样长期下去，学生也就成了习惯，还乐于接受这种被动、消极的学习方式。就现在各地区开展的一些优质课观摩或比赛活动中，也难得一见有学生在课堂上"敢"颠倒过来向老师提出教学之中碰到的一些问题，进行质疑或提出自己的看法。因此，在教学中培养学生自学能力、提问题能力是新课标的要求，而"自学——引导"式教学则是实现这一要求行之有效的方法。

"自学——引导"教学方法中的实施构想

"自学——引导"式教学方法在几年前的高校教学中就已经出现了，与传统教学方法相比其优势是非常明显，但要如何在中学教学中实施呢？由于中学生学习自主性不是很强，不能按要求完成预习任务，

或是不懂怎样提问；或是胆怯不敢提问；或是课堂讨论不敢发言，甚至出现冷场。总之，要一下子完全改变以往教学模式是不可能的，只能是有计划有步骤地逐步适应。

（1）初步学会独立解决问题阶段。

教学的本质是教师指导学生把握知识，熟悉世界，发展自身的过程。

在教学过程中应突出学生的主体地位，教师应遵循化学学科的规律，按照学生的水平，创设各种学习情景，引导学生主动参与，乐于探索，勤于动手，有效沟通，使学生通过自主学习，达到夯实基础，把握规律，对所学知识的真正理解和灵活运用。

高一级学生在初中阶段已经习惯了传统的听讲、练习、教师校对和学生改错的教学模式。学生大多数是处于一种被动接受的状态，面对问题时习惯于听教师讲解。久而久之，形成一种以教师为中心的学习模式，过分依靠教师，学习缺乏自主性，更谈不上创新。基于以上分析，"自学——引导"教学方法在化学新课程教学中的实施，高一级上学期的前几个星期应着重于学生自学能力的培养。教师可在课前把每节的教学目标以问题的形式给学生，要求学生在课前作好预习并解决所提问题。

（2）简单模拟提问阶段。

高一第一学期的一个月后，学生已具有一定的自习能力，教师除了在课前把每节的教学目标以问题的形式给学生，要求学生在课前作好预习并解决所提问题外，还可要求学生学习提出问题。为了促进学生作好预习，可要求每个学生把预习所碰到的问题，写在作业本上上课前交上来作为平时成绩。对于学生所提的问题，老师在作业本上简单的给以提示，对于比较有代表性的问题可以拿到课堂上给大家讨论。

（3）深入钻研阶段。

到了高一第一学期的下半学，学生已经具有较好的自学能力和提问能力，对于较简单的章节，老师可以把问题都拿到课堂上来让学生自己通过讨论解决问题，最后老师再作总结，给出正确答案。

"自学——引导"教学方法的初步实施

根据本学科的特点，从以下几个方面培养学生独立解决问题、发现问题的能力。

（1）给出问题引导学生做好课前预习。

在课前把每节的教学目标以问题的形式给学生，要求学生在课前作好预习并解决所提问题外，还要求学生学着提出问题。为了促进学生作好预习，可要求每个学生把预习所碰到的问题，写在作业本上并在课前交上来作为平时成绩。对于学生所提的问题，老师在作业本上简单的给以提示。

案例一：《化学实验基本方法》，课前设计了以下预习问题：

实验安全注重事项有哪些？

化学实验过程中意外事故应如何处理？

混合物分离和提纯的常用方法及适用范围。

除去可溶性杂质的实验原理。

学生通过预习，对本节的主要内容已初步了解，基本能解决老师所提问题。这样在课堂上对老师所讲的知识可以有选择的对自己不懂的问题认真记录，提高学习效率。但开始两三个星期提问题的同学寥寥无几，通过鼓励提问题的同学逐渐多了起来，课堂气氛也越来越好。

（2）鼓励学生根据预习的情况提出问题。

在实施本教学方法的前几个星期，学生仍然习惯于回答问题，提问题的同学寥寥无几，为了鼓励他们提出问题，对部分提出问题的同学给与肯定，并把一些同学提出的问题拿到课堂上来。

案例二：《物质的分类》的预习作业中，有同学提出："科学探

究"中，为什么制作 Fe（OH）$_3$ 胶体时要用蒸馏水，而不用自来水？能不能用自来水代替？为什么？

通过预习，学生能大胆探索、敢于质疑。而且通过他们提出的问题，教师能更清楚他们哪些不明白，哪些是他们想了解的，从而大大提高教学质量。

（3）引导学生积极参与课堂教学、深入钻研问题。

为了培养学生大胆探索、敢于质疑的精神，我除了要求学生根据预习的情况提出相关问题外，还鼓励他们在课堂上自发的站起来讨论问题。为了调动学生参与课堂的积极性，采取课堂记录的方式，即对提出问题的同学记"A"，对于自发站起往返答问题的同学记"B"，假如有的问题没同学回答则指定学生回答并记"C"，如不会回答的则不予记录，期末对课堂记录进行统计，并作为总评成绩的依据。

通过课堂讨论得到正确答案，学生尝到成功的喜悦，增强了自信心，调动了学习的积极性。

（4）查阅资料，撰写小论文。

普通高中化学课程理念指出"从学生已有的经验和将要经历的社会生活实际出发，帮助学生熟悉化学与人类生活的密切关系，关注人类面临的与化学相关的社会问题，培养学生的社会责任感、参与意识和决策能力。"遵循这一理念，每上完一章，布置研究性学习议题，每位同学选择一个议题，相同议题的同学组成小组协同研究。在搜集资料的过程中，小组成员可以充分发挥分工合作的精神，有的跑图书馆，有的上网等，然后把资料汇总，通过讨论得出结论。这样他们学会了调查研究的方法，锻炼了独立解决问题、发现问题的能力。

"自学——引导"式教学促进了学生学习方式的转变，适应目前课程教学改革的方向。学生普遍认同"自学——引导"式教学模式，"这种方法非常好，通过预习我上课对知识可以接受得更快"、"通过

预习提问，我在课堂上可以学到我想了解的知识了"、"我有机会发表自己的想法"、"我学会了查阅资料，预备自己观点"、"提高了我的学习爱好"、"似乎我不是学生，更像我们在共事"。

15. 利用"讨论式"进行化学教学

传统教学法以为教学是一种师生间的相互活动，但它却否定了学生同伴间的相互影响，将教学活动过于简单化了。这使得学生过于严谨、思维定势、从众心理、信息饱和等表现教为严重。

问题的提出

讨论式教学法，是一种有效的教学方法。它是在教师指导下，让学生积极主动的参与教学过程，增加学生之间的协助和交流的一种教学方法。学生围绕某一中心内容进行讨论，可以激发学生激情，加深对知识的理解。

讨论法，可以培养并提高学生的思考能力、阅读能力、自学能力、语言表达能力，使学生相互学习、相互促进。

讨论法的灵活应用

（1）问题式讨论法。

精心设计几个问题引导学生讨论的方法，既问题讨论法。例如，在讲"化学键"这一概念及系列问题时，学生疑点甚多，氯化钠、氯化氢为什么形成不同的化学键；碳原子最外层有四个电子形成四个共价键，氮原子最外层有五个电子应该形成五个共价键，而实际形成三个，如此种种问题有待讨论。先将学生提出的各种疑难问题一一写在黑板上，而后让大家展开自由讨论，举手发言，相互补充。

氢元素、钠元素都在 IA 族，氯化钠、氯化氢理应形成同一类型的化学键，然而氯化钠是离子键相结合，氯化氢是共价键相结合。

钠原子的最外电子层的一个电子转移到氯原子的最外电子层上，从而形成带正电荷的钠离子和带负点的氯离子，阴阳离子间产生了静电作用。

氢原子失电子能力比钠原子弱，氢与氯化合时不失电子而形成共用电子对。通过讨论，大家熟悉到离子键和共价键的主要区别在于成键原子得失电子能力的相对强弱。

共价键形成多少个，讨论后发现：第七主族元素只形成一个，第六主族元素形成二个，第五主族元素形成三个，第四主族元素形成四个。

在讨论过程中，理解能力强的学生能够帮助理解能力差的学生解决许多问题。学生的熟悉水平是有差异的，通过讨论和争论，能使学习水平趋向一致。学生解释问题更易被学生接受，胜过教师的苦口婆心。还能改变教师"一支粉笔，一张嘴，从上课讲到下课"的旧式课堂教学模式。

（2）随机式讨论法。

这是一种根据学生的情绪反应和认知反馈，随时调整教学进程，让学生去讨论的方法，谓之随机式讨论法。在平时的教学中，其中在用讲授法授课时，学生会作出各种的情绪反应和认知反馈，教师应即时发现。如当他们表情迷惑时，表明他们对所讲内容有迷惑；当他们私下嘀咕时，意味着学生在理解上存在疙瘩；当他们无精打采时，显示学生的身心疲惫、缺乏爱好。

这时，作为教师就不应该靠提高嗓门或硬性要求学生集中精力来维持授课，而是应该停下来，不惜给学生一定的时间，让他们无拘无束地展开讨论，以暴露并解决他们的问题或教师授课的问题。这种讨论看似耽误了时间，实为促进了教学。它使得教学更利于学生的学和教师的教，更利于知识的落实和理解把握。

如讲高一化学中的氧化还原反应时，很多教师也许并不觉得有疑难点可处理，但学生在初中建立的"得失氧"的观念太死，他们常会出现嘀嘀咕咕的现象。诸如此类的表现是常有的，这正是随机式讨论应用的好时机。

（3）实验式讨论法。

这是一种根据实验的内容提出问题或根据实验中碰到的问题而展开讨论的方法。化学课有较多的演示实验和学生实验，充分挖掘实验中的问题，创造学生参与的机会，也是有意义的。

对大多数的演示实验不应该由教师全部归纳总结，而应该引入学生参与的讨论模式：根据实验主题教师演示实验，由学生来归纳实验现象；并由学生通过讨论得出科学结论，然后在教师的指点和提问的引导下，对此知识点进行适当的拓展。

应该强调的是，不要让学生只停留在形象思维阶段，通过讨论引发他们的抽象思维，才比较深刻。比如在讲"氟溴碘"一节时的演示实验，先引导学生观察实验现象，再由现象得出相应的性质，经过学生的热烈讨论，问题就自然解决了。

学生分组实验时，可利用实验报告册中的思考题引导学生讨论，先形成理论答案，然后再动手进行实验验证和探索。这是培养学生在实验中的探究能力的重要过程。

（4）习题式讨论法。

在讲解习题中，让学生发现问题或教师诱导出问题而引发讨论的方法，谓之习题式讨论法。这种讨论法是主体作用发挥最充分的过程，是学生暴露知识缺陷、暴露思维的过程。思维能力是整个能力结构的核心，思维能力提高了，综合能力也提高了。

在进行习题教学或试卷讲评时，可把题目分类分段，在每讲完一

段题目后，留一点时间给学生，让他们自由讨论，教师在教室里巡回解疑，发现公共问题再引导讨论。有些大计算题的隐含条件较多、解题思路不一、解题方法也较多。这时，可先由教师分析题意，给出一种基本解题思路、解法，然后发动学生共同讨论。

总之，教师要在教学过程革新教学思想。讨论法耗用时间长，教师应舍得让出时间和空间，让出自己长期以来一直控制的角色。合理处理教材做到详略得当。讨论要尽量围绕中心内容展开，教学重点要突出、强化。对教学方法进行优化组合，灵活应用，就一定会把握讨论法的精华，使教学效果事半功倍。

16. 利用"猜想"进行化学教学

初中学生正处于体力、精力迅速发展的时期，观察敏锐，思维活跃，富于想象，敢于探索。但值得注意的是，在学生中表现出创造力的常常是少数人，而多数人则习惯于单纯的吸收、记忆、理解教材所规定的知识。

最近的一次由教育部、共青团中央和中国科协进行的社会调查显示，中国逾八成青少年缺少创造力，具有初步的创造人格和创造力特征的青少年比率比较低。这种现象并不完全是天赋素质的差异所决定的，而是长期以来所受到的教育以及生活环境影响的结果。

正是那些面面俱到的授课方法、千篇一律的教学模式、被动刻板的学习要求，压制了学生的创造欲望。教师越是"讲深讲透"，越是抹杀了学生的主观能动性，越不符合中学生的生理、心理特点。

相反，现代科学实验证明，人的创造力是可由训练而获得提高。通过有意识、有针对性的培养和训练，有可能使学生在学习上取得飞速发展。运用猜想寓于日常的教学之中，正是引导学生掌握科学方法，养成探究习惯，提高创造力的途径之一。

猜想是一种创造性思维方式。在初中化学中应用猜想，可以激发学生的学习兴趣，调动学生知识积累，使他们的记忆理解能力、分析判断能力等多种智力因素得到充分发挥，从而使整个思维活动处于最积极、最活跃的状态。因此，应用猜想是落实学科素质教育，发展学生个性，培养学生创新精神的一种有效方法。

猜想的设置是一种教学艺术。它需要教师精心设计一种孕育着迷雾而又引人入胜的情景，提出既不是唾手可得，又不是高不可攀的问题。使学生进入"心求通而未得，口欲言而不能"的"愤悱"状态，从而运用直觉、联想去猜测，去活化思维。老师则乘机诱导，启发学生的创新意识，提高他们的创新能力。下面举例说明猜想在化学教学中的适时应用。

运用猜想总结物质的规律性

例如《一氧化碳》教学结尾，可以不用通常的泛泛归纳罗列，而是向学生描述下面的情景：某夜晚，靠近房门的厨房里，煤气泄漏了相当一段时间。当主人从外面进入并习惯性地打开门边的电灯开关时，你猜想一下将会发生什么情况？有的学生猜想主人会立即窒息在地；有的学生猜想房子会着火；有的学生猜想会引起爆炸等等。

老师请他们各自谈谈猜想的依据。这时学生就会一一道出 CO 有毒性；CO 会燃烧，开电灯时产生的电火花会点燃 CO；点燃不纯氢气可能引起爆炸，那么点燃 CO 和空气的混合物也有可能产生爆炸，就像电影中的镜头一样……在充满想象的猜想中，学生对 CO 的有关性质作了全面的回顾，并与实际生活联系起来，既总结了规律，又加深了记忆。

上述猜想都是建立在类比、联想的基础上，根据两事物的相同方

194

面，推论其他方面；或者联系相似、相关的事物，进行分析比较，从而产生知识迁移，寻求正确答案。

运用猜想巧解化学选择题

例题：X、Y 两种元素可形成甲、乙两种化合物。已知在甲中 X 元素占 44.68%，在乙中 X 元素占 39.25%，若甲的化学式是 XY_2，则乙的化学式是（　　）。

A、X_2Y B、XY C、X_2Y_3 D、X_2Y_5

本题中 X、Y 的相对原子质量都是模糊的，无法通过相对原子质量的精确计算得出乙的化学式。所以要求学生通过分析题意，去猜想备选答案中哪一个是合理的。那么从何着手呢？

教师可以提示：化合物中元素的质量分数与原子个数的比例有关，引导学生从甲、乙两化合物中 X 元素的含量变化中去思索判断。运用数学推理，学生猜测乙的化学式中 X 与 Y 的原子个数比肯定小于 1：2。因此，可能的答案是 X_2Y_5。

解析比较繁杂的化学习题时，可以启发学生从已知的或相关的简单条件切入，运用分析、综合，进行猜想，从而发现复杂现象的本质或解决问题的方向。

运用猜想引入知识点

《化学肥料》一节讲到钾肥时，介绍农村中农民常用草木灰做钾肥，因为草木灰的成分主要是 K_2CO_3。那么 K_2CO_3 的水溶液呈什么性质呢？请大家猜猜看。初中生还没有学过盐类水解的知识，一开始自然感到困惑。这时教师点拨：我们所学过的盐类，它们的水溶液酸碱性如何？有的学生联想到纯碱溶液呈碱性，而 K_2CO_3 和 Na_2CO_3 都是活泼金属的碳酸盐，因此大胆猜测 K_2CO_3 也是碱性的。

老师请他们用实验来验证他们的猜想。最后，再进一步告诉学生，铵盐与碱性物质混和容易分解放出氨气，所以，草木灰不宜与铵态氮

肥混合使用，以防降低肥效。这样，这部分知识学生就学的比较活了。

牛顿说过，没有大胆的猜测，就不可能有伟大的发现。因此要鼓励学生有猜想的胆量、有不怕猜错的勇气，不断开拓思维的空间。

鼓励学生大胆猜想时注意的问题

应用猜想必须建立在学生牢固掌握基本概念、基础知识的基础上，将知识作为创新的阶梯。要注重学生的认知结构，充分了解学生原有的知识储备情况，以便能有的放矢，猜而有得。在学生没有获得必要的知识准备，掌握必须的基本技能之前，让学生去"猜想"，去"发现"，必然会陷入盲目的"尝试错误"的学习之中。久而久之，学生的学习积极性势必会受到挫伤。有积累才有创新，没有扎实的基础就谈不上猜想。

猜想应着眼于教学内容中"牵一发而动全身"的知识来设置。要抓住知识的中心，激发学生充分思维。例如为了说明化学反应与现象之间的关系，在教学酸碱中和反应时，设置这样一个实验情景：在一个盛有石灰水的试管中加入适量稀盐酸，在另一个盛有石灰水的试管中先加一滴酚酞试剂，然后再加入适量稀盐酸。

在实验前要求学生猜想实验可能产生的现象，并得出相关的结论。相当多的学生受"物质发生化学变化时常伴随发生一些现象"的规律影响，以为石灰水和盐酸的中和反应应该有现象。但是，出现什么现象，两种情况的区别又在哪里，却颇费思量。教师让学生用实验来检验自己的猜想，学生终于明白了化学变化不一定有宏观现象，但可以创设一定的条件来加以反映。搞清了这个道理，也为学习用化学方法鉴别物质打下了基础。

猜想的应用要根据课型、知识内容、教学要求，结合知识点、重难点、分化点，充分挖掘教材中"猜想"的因素。要根据学生的个性特点及认知方式，把握一定的度。不同学生在猜想面前的反应也各不相同。所以应灵活运用不同的猜想方式，最大限度使全体学生都把聪明才智用在创造性学习上，以期达到预期的教学目标和要求。

　　创新是人类思维的最高智慧之花。化学教学中运用猜想这一思维活动方式，有利于开发学生智力，培养自信心强，有强烈好奇心，能够质疑和意志坚强的新一代创造性人才。